BIBLIOTHÈQUE

DOMINICAINE

DIJON, IMP. J.-E. RABUTÒT.

VIE
DU B. RÉGINALD

DE SAINT-GILLES

Professeur de droit canon a l'Université de Paris
Doyen de Saint-Aignan d'Orléans
Un des premiers disciples de Saint Dominique

(1175?-1220)

PAR

LE R. P. EMMANUEL-CESLAS BAYONNE

DES FRÈRES PRÉCHEURS

PARIS

LIBRAIRIE POUSSIELGUE FRÈRES

RUE CASSETTE, 27

—

1872
1871

DÉCLARATION DE L'AUTEUR

Conformément aux constitutions apostoliques, nous déclarons qu'en donnant à Réginald le titre de *Bienheureux,* et en parlant de son *culte,* après tant d'autres chroniqueurs ou historiens, nous n'entendons point prévenir le jugement du Saint-Siége, et que nous restons pleinement soumis d'esprit et de cœur à ses décrets.

APPROBATION DE L'ORDRE

Nous avons lu et examiné par commission du T. R. P. Provincial de la province de France, la *Vie du B. Réginald de S.-Gilles,* par le R. P. Ceslas Bayonne, lecteur en Sacrée Théologie. Cette vie, déjà écrite plusieurs fois et à différentes époques, soit à cause de la célébrité du personnage, soit à cause de la dévotion et de l'amour qu'il a toujours inspirés, offre maintenant un nouveau charme et un intérêt tout particulier dans es nombreux documents inédits dont elle est enrichie.

1

Nous approuvons donc de grand cœur cet ouvrage qui fera briller d'un plus vif éclat la gloire d'un des plus illustres disciples de S. Dominique, en contribuant à la *confirmation de son culte* et à l'édification des âmes.

Fait à Dijon, le 24 septembre 1871.

Fr. Paul Pardieu, lecteur en S. Th.
Fr. Paul Monjardet, Prédic. Gén.

Imprimatur :

Fr. Bernardus Chocarne, Prior Provinc.

Parisiis, die 27 sept. 1871.

INTRODUCTION

LA TRÈS SAINTE VIERGE, L'ORDRE DES FRÈRES PRÊCHEURS ET LE B. RÉGINALD

On voit à Gand, dans le couvent des Frères Prêcheurs (1), un tableau de la fin du XVᵉ siècle, qui représente les saints et les bienheureux de leur Ordre, harmonieusement groupés sur les rameaux d'un arbre mystique, symbole de la vie chrétienne et religieuse. Parmi ces saints et ces bienheureux il en est un qui occupe avec Saint Dominique une place d'honneur près de Jésus-Christ, de la Sainte Vierge et du Souverain Pontife. Sa vue excite tout d'abord la curiosité et l'étonnement ; car il semble étranger au milieu de cette famille dont lui seul n'a pas revêtu les insignes. Des rayons de gloire ornent sa tête ; mais il porte le bonnet des docteurs, la chape et le surplis des chanoines. D'une main, il tient un vase

---

(1) Dans la salle où les Pères ont réuni les tableaux de leur ancien couvent et de leur ancienne église.

précieux ; de l'autre, il reçoit l'habit que la
Sainte Vierge lui remet avec un regard affec-
tueux, pendant qu'elle donne le Rosaire à
Saint Dominique, agenouillé à ses pieds.

Cependant tout Frère Prêcheur reconnaît
bientôt l'ancien professeur de droit canon à
l'Université de Paris, le doyen de la collégiale
de Saint-Aignan d'Orléans, et nomme avec
amour le Bienheureux Réginald, qui, guéri
miraculeusement à Rome par la Très Sainte
Vierge et oint de ses propres mains, entra
dans l'Ordre, *encore nouveau, dont elle lui
avait montré l'habit*, afin de lui révéler sa
propre vocation.

Né vers 1206, dans le sanctuaire de Notre-
Dame de Prouille, l'Ordre des Frères Prêcheurs a toujours reconnu Marie pour Mère
et pour Reine, et ses premiers disciples furent
heureux de s'entendre appeler par les populations voisines les *Frères de la Vierge* (1).
Six ans après, Marie daignait révéler à Saint
Dominique la dévotion du Rosaire : joyau
céleste donné comme un gage de son amour
maternel à ses enfants, encore à leur berceau ; prière d'élite qu'ils devaient redire
à jamais et enseigner aux hommes pour les

---

(1) Mamachi, *Annales Ord. Præd.*, p. 394.

maintenir ou les ramener dans les sentiers de la foi et de la charité ; épée d'honneur qu'ils devaient toujours porter à leur ceinture, et tenir en main pour *combattre* vaillamment *les combats du Seigneur.*

Enfin, en 1218, lorsque les Frères Prêcheurs, canoniquement approuvés, exerçaient déjà leur apostolat en France, en Espagne et en Italie, la Sainte Vierge voulut, par une faveur non moins signalée, leur *ceindre les reins* comme à des athlètes, et *oindre leurs pieds pour la prédication de l'Evangile.* Dominique avait reçu le Rosaire : un autre que lui reçut ce nouveau témoignage d'amour. Ce fut Réginald, son disciple le plus aimé, le plus digne de l'être, « homme plein d'amabilité, dit un an- « cien chroniqueur (1), très riche de science, « prévenu de la grâce, puissant en vertu, « éminent en piété, d'une sainteté rare, d'une « pureté sans tache. L'intacte Marie daigna « toucher son corps pour l'oindre d'une onc- « tion salutaire, elle qui de ses chastes mains « ne toucha que son divin Fils, et ce contact « béni le sanctifia pour toujours. »

La faveur faite à notre Ordre dans la per-

(1) *Thierry d'Apolda, apud Bolland*, t. **I, Aug.** *in vit.* S. *Dom.*

sonne de Réginald, est un des événements les
plus mémorables de ses origines : voilà
pourquoi nous avons voulu écrire la vie de
celui qui en fut le héros. D'autres causes
d'ailleurs ont attiré notre attention et nos
sympathies. Réginald ne fut pas seulement le
fils chéri de notre Mère à tous, le disciple de
prédilection de notre Père commun, il fut
aussi par sa vertu et son éloquence la pierre
angulaire des couvents de Saint-Nicolas de
Bologne et de Saint-Jacques de Paris. En
fixant les destinées de notre Ordre naissant
dans ces villes qui, par leurs Universités,
exerçaient une véritable magistrature intellectuelle sur toute l'Europe, il mérita d'être appelé par ses Frères leur *soutien* et leur *guide*,
et d'être regardé comme un deuxième fondateur, presque à l'égal de Saint Dominique.
Ajoutons encore que la Providence semble
l'avoir prédestiné à devenir plus particulièrement le protecteur et le modèle des Dominicains français. La France le vit naître et mourir ; il consacra au peuple de Paris, dont il
avait déjà honoré l'Université comme étudiant
et comme docteur, les dernières et les plus
vives ardeurs de son apostolat. De tous les enfants que cette terre généreuse donna au grand
apôtre du XIIIe siècle, il fut le plus illustre
dans la vie, le plus glorieux après sa mort, le

premier dont les fidèles invoquèrent le nom auprès de Dieu, et pendant plus de trois siècles, les Parisiens se pressèrent sur son tombeau dans le vieux cloître de Notre-Dame-des-Champs pour lui *demander la délivrance des fièvres des péchés*, en lui rappelant *que la Reine du Ciel l'avait autrefois visité sur son lit de douleur, et guéri miraculeusement de toute fièvre de l'âme et du corps.*

Sans doute, nous ne saurions nous flatter de relever son culte public de toutes les ruines amoncelées autour de lui, et de lui rendre l'antique popularité dont il a joui jusqu'au XVIIe siècle. Mais il nous est bien permis de croire et d'espérer qu'il se ravivera peu à peu, surtout en France et à Paris, que son nom, patronné par ceux de Saint Dominique et de la Très Sainte Vierge, sera invoqué avec une ferveur nouvelle, par les frères, les sœurs et les amis qui nous sont suscités de toutes parts. Comment pourrions-nous en douter quand nous savons d'eux-mêmes qu'ils ne demandent rien tant que d'agrandir leurs vertus, en apprenant de nous à mieux connaître l'histoire de nos apôtres et de nos docteurs, de nos vierges et de nos martyrs? Cette foi et cette espérance nous ont soutenu jusqu'à la dernière heure dans ce travail, ingrat d'abord, mais à la fin plein de charme.

Nous avons hésité longtemps avant de l'entreprendre : une première étude nous en avait révélé les difficultés de tout genre, singulièrement aggravées par le sentiment de notre faiblesse. Car, s'il est vrai que le souvenir du B. Réginald s'élève comme un parfum des pages émues de nos annalistes qui lui décernent à l'envi les plus magnifiques éloges, il n'est pas moins vrai que ces mêmes annalistes ne nous ont laissé que des récits très incomplets. D'une part, leur amour et leur enthousiasme célèbrent notre Bienheureux comme *une fleur choisie de science et de sainteté*, comme le second fondateur de l'Ordre et le successeur prédestiné de Saint Dominique, qui l'institua son vicaire à Bologne et à Paris ; mais de l'autre, leur silence ou leur sobriété le maintiennent dans l'ombre, et le font ressembler à ces fleurs délicates qui ne révèlent leur présence que par leurs parfums, à ces fortes pierres qui ne soutiennent un édifice qu'en se dérobant aux regards et à l'admiration des passants.

Plus d'un lecteur initié aux antiquités dominicaines, se demandera donc comment nous avons pu écrire cette vie, en ayant sous la main des documents si peu nombreux et si peu variés. Et puis, le R. P. Lacordaire, de chère et vénérée mémoire, n'a-t-il pas recueilli les traits principaux épars dans nos annales, pour esquisser cette ravissante figure dans sa *Vie de Saint Dominique*? Qu'ajouter à son récit et pourquoi reprendre en sous-œuvre un travail si bien fait par ce maître incomparable?

Nous n'avons pas reculé devant cette double difficulté, et voici comment nous avons cherché à la vaincre pour réaliser notre dessein.

Nous avons détaché cette belle fleur de sa tige; et, la prenant en main, nous en avons contemplé les plus brillantes couleurs et savouré les plus doux parfums avec un soin et un amour rajeunis; nous avons creusé le sol pour mieux voir et mieux décrire la forme et la structure de cette pierre angulaire. En d'autres termes, nous avons parcouru toutes nos annales; nous avons recherché, quelquefois avec bonheur, les documents qui nous faisaient défaut, et rétablissant d'abord la chronologie des faits, à l'aide d'une critique sévère, rattachant ensuite la mémoire de notre Bienheureux aux souvenirs des lieux où il vécut, des hommes et des événements contemporains, nous nous sommes efforcé de reconstituer sa personnalité pour la faire revivre sous les yeux de nos lecteurs : ce n'est pas à nous de dire dans quelle mesure nous y avons réussi.

Nos efforts seront largement récompensés s'ils contribuent à faire *confirmer* et refleurir le culte de cet illustre Père de notre chère province de France, et, pour humble que soit notre succès, il augmentera la joie que nous éprouvons d'avoir répondu à cette invitation de l'écrivain sacré : « *Louons les hommes* « *illustres des vieux âges qui furent nos pères* « *et dont nous sommes la race; car dès* « *l'origine, le Seigneur a fait éclater en eux* « *sa gloire et sa magnificence.* » (Eccli., **XIV**, 1-2.)

VIE
DU B. RÉGINALD

DE SAINT-GILLES

CHAPITRE PREMIER

Saint-Gilles; son origine. — Grandeur de la ville et de l'abbaye à la fin du XIIe siècle. — Naissance, éducation et jeunesse de Réginald (1).

(1175?-1193?)

Non loin du Rhône et de la Méditerranée, sur les confins de la Provence et du Languedoc, s'élève une petite ville, humble et obscure aujourd'hui, mais autrefois célèbre et florissante : c'est Saint-Gilles, patrie du Bienheureux Réginald, communément appelé dans nos annales Réginald, Régnier ou Renaud de Saint-Gilles (2).

---

(1) Voir la liste des *auteurs consultés*, à la fin de cet ouvrage.

(2) *Antoine de Sienne* s'exprime ainsi : « Beatorum sacer conventus : S. P. Dominicus... Proximum mox concedamus locum viro illi sanctissimo Fr. *Reginaldo de Santo Ægidio qui erat Aurelianensis Decanus.....* (*Chronicon. Ord. Præd.,* p. 43.)

Echard dit (*Script. Ord. Præd.,* I, p. 89) qu'il est le premier auteur qui ait attribué Saint-Gilles à Réginald pour lieu d'origine, et croit

De nos jours, elle n'offre plus que des ruines de son antique splendeur. Tous les matins, ses habitants se dispersent dans les champs ou sur les coteaux voisins pour les travaux agricoles ; la ville semble entièrement abandonnée, et l'étranger qui parcourt ses rues tortueuses et grimpantes, s'imagine difficilement qu'elle a joué un rôle important dans l'histoire des Croisades. Cependant, à la vue de ses anciens remparts, et surtout de sa vieille basilique, il commence à pressentir sa grandeur passée. Là, ainsi qu'en tant d'autres lieux, l'église abbatiale lui apparaît comme le centre de la cité qui s'est élevée autour d'elle, comme le foyer où s'alimentent toutes les traditions locales.

Saint-Gilles doit, en effet, son origine à son abbaye, une des plus célèbres de l'Ordre de Saint-Benoît. Elle fut fondée, vers la fin du VIIe siècle, par un pieux solitaire, nommé Egidius, originaire d'Athènes, et venu en Provence sur les pas des premiers apôtres de la Gaule. Un malade qu'il avait guéri par ses prières voulut publier son nom, à l'exemple des pauvres d'Athènes. Egidius s'em-

---

qu'on a fait erreur en écrivant *de Santo Ægidio* pour *de S. Aniano* (Saint-Aignan d'Orléans). Les paroles qui suivent : *qui erat Aurelianensis Decanus,* prouvent bien qu'il n'en est pas ainsi. Nous croyons qu'Antoine de Sienne, en appelant notre Bienheureux Réginald *de Saint-Gilles,* n'a fait que constater la tradition générale sur le lieu de sa naissance, adoptée et consacrée depuis par les historiens de l'Ordre, et notamment par les historiens français.

pressa de quitter Arles pour chercher une retraite
plus profonde. Ayant rencontré un vénérable solitaire, appelé Vérédème et athénien comme lui, il se
fit son disciple et son compagnon. Le pâtre qui
mène ses troupeaux sur les collines abruptes, dont
le Gardon suit en courant les sinuosités capricieuses,
montre encore au pèlerin et au voyageur la *sainte-
baume* (1), où les deux anachorètes, que Dieu avait
rapprochés si loin de leur commune patrie, vécurent ensemble plusieurs années, partageant les jours
entre la prière, la solitude et la pénitence. Le bruit
de leurs vertus et de leurs miracles attira bientôt les
fidèles d'alentour. L'humilité d'Egidius s'alarma
une troisième fois : il dit adieu à Vérédème, et lais-
sant à droite Nimes, la romaine, à gauche Arles, la
grecque et la mère des Gaules, il s'avança dans les
profondeurs de la forêt qui s'étendait devant lui. Il
s'y livra longtemps, sans témoins, à de saintes austérités et à de pieuses méditations. Un jour que la
forêt retentissait de bruits inaccoutumés, il vit
accourir vers lui, tout effrayée, la biche qui était
devenue sa nourricière ; et comme il cherchait à la
protéger, sa main fut percée d'une flèche lancée par
un des officiers de Flavius Vamba (2), roi des Visi-

(1) De *baoumo*, mot provençal qui signifie grotte, caverne.

(2) Le nom de *Flavius* était un nom de race chez les rois visi-
goths, depuis Récarède-le-Catholique, qui l'avait pris pour montrer
que ce nom n'était pas réservé aux empereurs grecs et qu'il avait
dû passer avec le sceptre aux vainqueurs. C'est ainsi encore que

goths, alors occupé à faire le siége de Nîmes. A la vue du saint anachorète, les officiers tombèrent à genoux pour lui demander pardon ; mais celui-ci les rassura aussitôt en les bénissant de sa main ensanglantée. De retour près de Vamba, ils lui racontèrent tout ce qui s'était passé. Le prince se hâta de visiter le solitaire avec l'évêque Arégius. Touché de la modestie et de la sagesse de ses réponses, il lui fit don de toute la vallée voisine, appelée depuis *vallée Flavienne*, et le pressa d'y construire un monastère. Egidius crut entendre la voix de Dieu ; de nombreux disciples répondirent à la sienne, le monastère s'éleva rapidement, et, onze ans après, il en fit hommage au Souverain Pontife Benoît II, qui lui accorda le privilége de l'exemption, par une bulle en date du 26 avril 685 (1).

le roi élu par les ducs lombards, après la conquête de la Haute Italie, s'appela *Flavius*.

(1) Elle se trouve dans Ménard, *Histoire de l'église de Nîmes*, Additions au t. VII, p. 719.

Sa date justifie la chronologie adoptée par Vincent de Beauvais, et suivie par les Bollandistes. Les érudits modernes, Ozanam (*Histoire de la civilisation chrétienne chez les Francs*, p. 408 et 477), et de Montalembert (*Moines d'Occident*, I, 366) se sont égarés à la suite de dom Mabillon et de dom Vaissette, induits eux-mêmes en erreur par un écrivain du IXe ou Xe siècle, auteur d'une biographie de saint Gilles qu'il a confondu avec un autre abbé du même nom envoyé à Rome en 514 par saint Césaire d'Arles, pour y défendre les prérogatives de son siége métropolitain.

Cette bulle mit heureusement le monastère à l'abri du despotisme féodal qui venait d'envahir la société et pénétrait déjà dans le sanc-

Saccagé en 719 par les Sarrasins, il fut restauré dès qu'Eudes d'Aquitaine les eut refoulés en Espagne; et peu après, Egidius, voyant arriver sa dernière heure, put redire avec la même joie que le prophète : *Je mourrai dans le petit nid que je me suis bâti.* Il ne songea pas à ces autres paroles : *Et ma gloire se renouvellera d'âge en âge dans la postérité* (Job, xxix, 18); mais elles devaient se réaliser en sa faveur de la manière la plus éclatante.

La gloire qu'il avait méprisée pendant sa vie vint s'asseoir sur son tombeau, qui fut bientôt visité par d'innombrables pèlerins; dès l'année 1044, il était désigné dans une charte (1) à côté de Saint-Pierre de Rome et de Saint-Jacques de Compostelle, comme un des trois grands pèlerinages de la chrétienté. Du reste, le monastère de la *vallée Flavienne* avait déjà donné naissance à une ville dont le nom fut porté par tous les comtes de Toulouse, depuis Raymond IV, le Nestor chrétien de la première croisade, connu dans l'histoire sous le nom de Raymond de Saint-Gilles, qu'il avait pris par dévotion pour ce saint, un des plus populaires au moyen-âge. C'était principalement aux croisades qu'il était réservé de faire monter la ville et l'abbaye à l'apogée de leur grandeur.

tuaire. On vit bientôt les soldats prébendés de Charles-Martel posséder des églises, des abbayes, et même des évêchés. « L'abus « onéraire des abbés séculiers dura jusqu'à la troisième race, dit « dom Mabillon (Préface au IIIe siècle bénédictin). »

(1) Citée par dom Mabillon. — Voir Bolland., *Sept.*, I, 284.

Elles venaient de l'atteindre quand Réginald y prit naissance à la fin du XIIe siècle (1).

L'histoire ne nous a rien appris sur son enfance ; elle ne nous a pas dit s'il donna dès son jeune âge quelques-uns de ces signes révélateurs qui provoquent les pressentiments des parents et des amis. Pour nous dédommager de ce silence, nous jetterons un coup d'œil sur les lieux témoins de ses premières années et sur les événements contemporains de sa jeunesse. Peut-être pourrons-nous découvrir ainsi quelle fut sa genèse, quelles clartés et quelles flammes s'élevèrent d'abord dans son esprit et dans son cœur. Et en effet, les germes reçus à la naissance et au baptême se développent lentement sous une triple influence. L'enfant est initié sur le cœur et les genoux de sa mère aux joies et aux affections de la famille ; à mesure qu'il grandit, le pays natal, avec son ciel, ses horizons et ses souvenirs, l'initient à d'autres sentiments qui couronnent dans la vie les sentiments de la famille et sont couronnés eux-mêmes par ceux de la religion. Les traditions domestiques, locales et religieuses sont donc pour l'âme de l'adolescent ce que le lait de la mère est

---

(1) La date précise n'est pas connue. Nous la reportons approximativement vers 1175, estimant qu'il mourut âgé de quarante-cinq ans environ, au commencement de 1220 ; d'une part, Jourdain de Saxe (Echard, *loc. cit.*, 90), a pu dire de lui : *Consummatus in brevi explevit tempora multa ;* et de l'autre les dignités importantes dont il fut revêtu exigeaient une certaine maturité.

pour le corps de l'enfant, et tout saint, comme tout homme, est formé, bien qu'à des degrés divers, à l'image de ceux qui l'ont élevé, et à la ressemblance des temps et des lieux qui l'ont vu naître et grandir.

Or, Saint-Gilles n'était pas seulement un des plus célèbres pèlerinages de la chrétienté; c'était aussi un des ports les plus fréquentés de la Méditerranée. Uu auteur contemporain, Benjamin Tudela, qui traversa le Languedoc vers 1170, a pu dire *qu'on y voyait se réunir des extrémités du monde, divers peuples étrangers et insulaires.* A la fin du XII⁰ siècle, il était déjà le port principal de la croisade. Les Trinitaires, les Chevaliers du Temple et de Saint-Jean-de-Jérusalem s'y étaient établis peu après leur institution.

L'art y rivalisait avec le commerce et les croisades. L'église *majeure* ne pouvait plus contenir la foule toujours croissante des pèlerins. On la démolit ainsi que les deux églises voisines, et sur leur emplacement, on jeta les fondements d'une gigantesque basilique (1116) qui devait être le chef-d'œuvre de l'art byzantin alors à son apogée. Par malheur, elle resta toujours inachevée, et nous voyons, quatre siècles plus tard, Jules II faire un appel pressant à la piété des fidèles en disant qu'*après son achèvement, elle n'aurait pas de rivale dans tout le royaume de France.*

Les lettres et les sciences avaient aussi leurs représentants à Saint-Gilles. Dès le commencement du

XII⁰ siècle, elle possédait une école de Grammaire,
de Rhétorique et de Dialectique. La belle bibliothèque de l'abbaye s'enrichissait tous les jours des
chefs-d'œuvre de l'antiquité et des ouvrages des
docteurs les plus renommés. Les moines, fidèles aux
traditions bénédictines, distribuaient avec une égale
largesse le pain du corps et de l'âme, l'aumône et la
vérité.

Enfin Saint-Gilles reçut souvent dans ses murs
les papes, qui, chassés de Rome par la révolte ou
par le schisme, s'empressaient d'aborder aux rivages hospitaliers de la France, si bien appelée par
Baronius le *port de la barque de Pierre pendant
l'orage*. C'étaient, en 1118, Gélase II, qui fuyait devant l'empereur Henri V ; en 1130, Innocent II,
chassé par l'antipape Anaclet : les cardinaux lui
avaient dit le jour de son élection : *Ce n'est pas à
l'honneur mais à la peine que vous êtes convié*. Trente
ans plus tard, c'était Alexandre III qui se réfugiait
en France, pendant que Rome était agitée par Arnaud de Brescia, et l'Italie dominée par Frédéric
Barberousse. Promoteur de la *Ligue Lombarde*, dé-
fenseur intrépide des droits de l'Église, il sut, du sein
de son exil, élever la voix en faveur des opprimés.
On le vit prendre en main la cause de Thomas
Becket, archevêque de Cantorbéry, et celle de la
comtesse de Saint-Gilles, condamnée à l'isolement
par les scandales de Raymond V.

Ainsi, les pèlerinages et les croisades, les arts et

les sciences, les moines et la papauté, c'est-à-dire
toutes les gloires de la société et de l'Eglise au XII⁰ siècle, semblaient projeter leur éclat sur Saint-Gilles
pour en faire une illustre patrie (1). Nous l'avons
dit, nul souvenir de l'enfance de Réginald n'est par-
venu jusqu'à nous. Il vécut très peu d'années dans
notre Ordre et son admirable humilité, trop bien ser-
vie par la sobriété de nos anciens chroniqueurs, lui
fit garder le plus profond silence au milieu de ses
Frères sur tout ce qui le concernait. Cependant, il
nous est facile de pressentir quels furent ses premières impressions et ses premiers sentiments, à
son entrée dans la vie.

Nous aimons à nous le représenter agenouillé
sur le tombeau de Saint Gilles, lui confiant dans la
pleine effusion de son âme le dépôt sacré de sa foi
et de sa vertu. Nous le suivons dans ses pieux pèlerinages, des *baumes* où Saint Gilles et Saint Vérédème avaient prié ensemble, aux rivages de la Méditerranée, où avaient abordé les premiers apôtres
de la Gaule qui devait être la fille aînée de l'Eglise.
Nous l'entendons interrogeant tour à tour avec
une curiosité et un amour qui ne se lassent jamais,
les chevaliers du Temple et de Jérusalem, bien moins

---

(1) Voir l'excellente *Notice historique sur saint Gilles,* publiée
par l'abbé Teissonnier (Nîmes, 1862). Nous y avons puisé les principaux renseignements que nous donnons ici.

Voir aussi l'*Histoire de l'invention du tombeau de saint Gilles,* par
M. l'abbé Trichaud (Nîmes, 1868).

pour apprendre leurs exploits contre les infidèles,
que pour connaître la *Terre Sainte* où s'étaient
accomplies les grandes scènes de la Rédemption.
Nous le voyons enfin élevé, dès l'âge le plus tendre,
à l'école de l'abbaye, comme plus tard Saint Thomas à celle du Mont-Cassin.

On sait assez que le trésor des lettres fut préservé
d'une destruction certaine par l'Eglise, au temps
des invasions barbares, et sauvegardé pendant des
siècles à l'ombre des cloîtres et des cathédrales.
L'Eglise ne songea d'abord qu'à se pourvoir de ministres aussi distingués par leur science que par
leur vertu. Du IXe au XIIIe siècle, les clers furent
les seuls élèves, les moines et les évêques les seuls
éducateurs, car l'état social en Occident ne compor-
tait ni d'autres maîtres ni d'autres disciples. « La
« religion occupait alors une si grande place dans
« les mœurs, que chaque famille aspirait à con-
« sacrer au moins un de ses membres au service
« des autels. Riches et pauvres, serfs et ingénus,
« venaient offrir au Seigneur un de leurs descen-
« dants, et sollicitaient pour lui l'habit du clerc ou la
« coule du moine. Toujours fidèle à ses nobles tra-
« ditions, l'Eglise ouvrait ses rangs aux enfants de
« toutes les classes sans distinction : elle n'exigeait
« d'autre recommandation que la vocation à l'état
« ecclésiastique ou religieux... On les acceptait dès
« l'âge le plus tendre, afin de leur inculquer plus
« sûrement des habitudes régulières et de les assou-

« plir aux exigences de la discipline. Persuadés
« avec raison qu'il n'y a rien de petit, quand il s'agit
« d'un dépôt aussi sacré que l'enfance, les législa-
« teurs des clercs et des moines se préoccupaient
« des détails les plus minutieux et sauvegardaient
« la conduite de leurs pupilles par d'ingénieuses pré-
« cautions... Aucun fils de race royale ne pouvait
« être entouré dans son palais de plus de soins que
« le dernier des enfants élevés dans les monas-
« tères (1.) »

Le *Doctrinale Puerorum*, onvrage du XIIᵉ siècle,
donne les notions les plus exactes sur la méthode
d'enseignement suivie à cette époque, et nous permet de savoir comment le jeune Réginald fut élevé à
l'abbaye de Saint-Gilles.

« Vers l'âge de sept ans, l'enfant apprenait
« d'abord à lire et à écrire, et passait bientôt à
« l'étude de quelque grammairien latin, tel que
« Domat, Priscien ou Didyme. Comme la plupart
« des élèves ne pouvaient pas se procurer les ou-
« vrages nécessaires, on était obligé le plus souvent
« de dicter les règles générales, ou de les graver dans
« la mémoire par des répétitions fréquentes. On
« dictait par fragments; l'explication avait lieu en-
« suite. Dès que l'enfant possédait les premiers
« principes de la langue latine, il recevait le *Psau-*
« *tier*, qu'il devait apprendre par cœur, pour forti-

(1) *Les Écoles épiscopales et monastiques de l'Occident*, 2ᵉ partie,
chap. ɪv, par Léon Maître. Paris, 1866.

« fier sa piété et prendre part, dans les églises, à la
« psalmodie publique... De neuf à douze ans, il li-
« sait les fables d'Esope, les sentences de Caton le
« moraliste, et les poésies de Théodule, poète du
« X⁰ siècle, qui avait chanté les prodiges de l'An-
« cien Testament dans des vers dignes de l'art an-
« tique. On lui faisait ensuite étudier des fragments
« de Sénèque, d'Ovide, de Perse et d'Horace, et
« surtout les œuvres de Lucain, de Stace et de Vir-
« gile. Après cette première et vaste préparation,
« les jeunes gens passaient à l'étude des autres arts
« libéraux, de la Rhétorique et de la Logique, dont
« ils puisaient les principes dans la lecture méditée
« de Cicéron, de Quintilien et d'Aristote (1). » C'est
que le moyen-âge regardait l'antiquité comme le
portique du temple du vrai, du bien et du beau. Les
docteurs recherchaient dans les auteurs classiques,
non pas tant les beautés de la forme, dont les Pères
de l'Eglise s'étaient emparés pour défendre et pro-
pager le Christianisme, que les vérités naturelles
découvertes par leur raison dans l'étude de l'homme
et de l'univers. C'était pour eux un merveilleux es-
cabeau de la connaissance de Dieu. « Bien que privés
« des lumières de la révélation, dit Vincent de Beau-
« voir, ils n'en ont pas moins parlé admirablement
« du Créateur et des créatures, du vice et de la

---

(1) Dʳ Sighart, *Vie d'Albert-le-Grand*, p. 12. Paris, Poussielgue.

« vertu ; ils ont connu un grand nombre de vérités
« que la foi, aussi bien que la raison, proclament
« hautement. »

Du reste, le programme des études était à peu
près le même que celui des écoles romaines, fixé
depuis Cassiodore, c'est-à-dire le *Trivium* qui ren-
fermait la Grammaire, la Rhétorique et la Dialectique, et le *Quadrivium* qui comprenait la Musique,
l'Arithmétique, la Géométrie et l'Astronomie (1).
C'étaient les sept degrés par lesquels on s'élevait de
la science humaine à la science divine, et Alcuin,
s'inspirant des Saintes Ecritures, ne craignait pas
de les appeler les *sept colonnes élevées par la Sagesse
pour soutenir et orner sa royale demeure*. Théodulfe,
évêque d'Orléans, les décrivit en distiques latins
sous la forme d'un arbre symbolique qui fut, depuis,
d'un usage général dans les cloîtres, car les moines
savaient, aussi bien que nous, que pour mieux
s'adresser à l'intelligence, il faut parler d'abord aux
yeux et à l'imagination. Regardez un instant cet
arbre de la Science. Il est planté sur le globe terrestre. La *Grammaire*, comme base de toutes les
connaissances humaines, est assise au pied, un fouet
à la main. Au faîte, brille la *Philosophie*, leur reine ;
son front est orné d'un diadème, et des rameaux
sans nombre s'échappent de son sein. La *Rhétorique*
est debout à droite, les ailes déployées et la main

(1) *Lingua, tropus, ratio, numerus, tonus, angulus, astra.*

étendue dans l'attitude de la parole. A gauche, le front penché, tenant un serpent, symbole de la prudence, la *Dialectique* médite silencieuse. Ici, c'est la *Musique* portant une lyre et une flûte avec neuf tuyaux, nombre sacré ; là, c'est la *Géométrie* qui mesure de son compas les cinq zônes du monde ; plus loin, c'est l'*Astronomie* qui montre les douze signes du Zodiaque.

Les moines de Saint-Gilles enseignaient toutes ces sciences. Comme Alcuin, dans son école de Saint-Martin-de-Tours, « ils servaient aux uns le « miel des Saintes Ecritures, enivraient les autres « du vin de l'antiquité, nourrissaient les plus jeunes « des fruits de la grammaire, et allumaient pour « les adolescents les flambeaux de l'astronomie (1). »

Le jeune Réginald fut donc élevé à leur école. « Avant que le monde n'eût touché cet enfant, il fut confié, comme Samuel, aux leçons de l'Eglise, afin qu'une discipline salutaire prît possession de son cœur encore tendre ; et il arriva en effet que, posé sur ce fondement solide, il croissait en âge et en sagesse, s'élevant chaque jour par un progrès heureux à une plus haute vertu (2). »

Toutefois, leur vie ne devait pas être la sienne. Dès son enfance, il sentit qu'il était né pour être apôtre, et nous croyons que cette vocation lui fut inspirée par les souvenirs récents de la prédica-

(1) Alcuini, *Epist. I, ad Karol. regem.*
(2) Constantin d'Orviète, *Vie de S. Domin.*, nº 3.

tion de Saint Bernard dans le Languedoc. Un instant comprimés, les Vaudois et les Albigeois n'avaient pas tardé à relever la tête. Le concile de Latran, célébré en 1180, dut ordonner à tous les fidèles de s'*opposer courageusement aux hérétiques qui, sous le nom de Cathares ou Patarins, s'étaient tellement fortifiés dans la Gascogne, l'Albigeois et le territoire de Toulouse, qu'ils y avaient organisé la révolte à force ouverte.*

Telles furent l'éducation et la jeunesse de Réginald ; tels les temps et les lieux qui le virent naître et grandir. Il en reçut une empreinte ineffaçable, et y trouva le programme de toute sa vie.

Nous le verrons devenir tour à tour :

Etudiant et docteur à l'Université de Paris ;

Doyen de la Collégiale de Saint-Aignan, à Orléans ;

Pèlerin à Rome et à Jérusalem ;

Apôtre et Frère Prêcheur à Bologne et à Paris.

CHAPITRE II

L'Université de Paris au commencement du XIIIᵉ siècle; son organisation, ses écoles; maîtres et étudiants. — Réginald étudie les
sciences humaines et divines. Il enseigne le droit canon. Il est
élu doyen de Saint-Aignan d'Orléans.

(1193?-1211)

Ce fut vers 1193 que Réginald, âgé de 18 ans
environ, vint à Paris pour fréquenter les hautes
écoles et se perfectionner dans les sciences sous des
maîtres fâmeux (1). Paris venait alors de recevoir
une de ces transformations mémorables qui l'ont
rendu chaque fois la capitale de l'Europe. Celle-ci
était due à l'initiative hardie de Maurice de Sully
et de Philippe-Auguste, d'un grand évêque et d'un
grand roi. On voyait s'élever au centre de la cité,
l'église Notre-Dame, et autour de la ville une vaste
enceinte flanquée de tours et surmontée d'un para-
pet crénelé.

Les écoles fondées par Charlemagne avaient aussi

---

(1) « D'ordinaire, les hautes écoles se fréquentaient de seize à
vingt ans. »(Dʳ Sighart, *loc. cit.*, p. 18.) — *Is adolescens cum
Lutetiæ Parisiorum operam litterarum studiis dedisset...* (Mamachi,
loc. cit., p. 427.)

reçu leur transformation. Depuis un demi-siècle, elles s'étaient réunies en une vaste et libre association que les Chartes commençaient à désigner sous le nom imposant de *Universitas scholarum.* Leur célébrité était devenue européenne. Sous Louis VII on y accourait déjà de toutes parts. Des magistrats, de hauts personnages, des princes même écrivaient souvent au roi pour lui recommander leurs parents, leurs amis ou leurs concitoyens. Le Sénat de Rome le pria de prendre sous sa protection les jeunes Romains qui venaient étudier la science sacrée à l'Université de Paris, *ce boulevard de la foi catholique* (1). Voici quelle était alors son organisation.

L'Université se composait des quatre Facultés de théologie, de droit, de médecine et des arts. La Faculté des arts avait le privilége d'élire parmi ses maîtres le *Recteur* ou chef suprême de la corporation. Elle comprenait les *quatre nations* de France, de Picardie, de Normandie et d'Allemagne, divisées en plusieurs provinces et ayant chacune à leur tête un Procureur, toujours suivi de son *Appariteur* ou *Bedeau.* Les professeurs ne pouvaient ouvrir un cours qu'après en avoir obtenu la *licence* du chancelier de la cathédrale, appelé *scholastique* ou *écolâtre.* En 1203, Innocent III sanctionna l'institution d'un Procureur général chargé de représenter l'Université dans les procès; six ans plus tard, il ap-

(1) Du Boulay, *Hist. univ. Paris,* II, p. 252.

prouva les statuts qui fixaient le costume des divers membres, réglaient les leçons des professeurs et les exercices des étudiants, et déterminaient la part de chacun dans les frais de leurs funérailles et les suffrages pour le repos de leurs âmes (1).

Les plus célèbres professeurs de l'Europe ambitionnaient d'enseigner à Paris où, *comme à Athènes,* disent les contemporains, *les plus savants étaient les plus honorés.* Les écoles rivalisaient comme les maîtres, et si plusieurs villes pouvaient lui disputer la palme dans l'enseignement des autres sciences, celle de Paris restait sans rivale dans l'enseignement des arts et de la théologie. Les poètes du temps la chantaient comme la source de toute sagesse, comme l'arbre de la science dans le paradis terrestre, comme le candélabre dans la maison du Seigneur. En 1150, Dom Philippe, abbé du monastère de Bonne-Espérance, dans le diocèse de Cambrai, pouvait écrire en ces termes à un jeune ami :

« ...Comme la reine de Saba se rendit près de
« Salomon, afin de s'assurer par elle-même de
« tout ce qu'on lui avait rapporté sur sa haute
« sagesse, vous êtes allé à Paris, poussé par l'amour
« de la science, et vous y avez trouvé ce que

_____

(1) Crevier, *Hist. de l'Univ.,* liv. 1ᵉʳ, et Du Boulay, *loc. cit.,* I, 250 ; III, p. 557, *et passim.* — Innocent III écrivait en 1210 : *Universis Sacræ Paginæ (théologie et Ecriture sainte) Decretorum (droit civil et canonique) et liberalium artium (médecine et philosophie) magistris.*

« tant d'autres désirent ardemment, une petite Jé-
« rusalem. Là, en effet, David chante ses cantiques
« inspirés sur son psaltérion à dix cordes. Là Isaïe
« dévoile les mystères de ses oracles. Là tous les
« prophètes accordent leur voix et font entendre un
« concert ravissant... Là, enfin, les portes de la
« science s'ouvrent à tous ceux qui savent frapper.
« Les clercs s'y pressent en si grand nombre qu'ils
« semblent rivaliser avec la foule immense des
« laïques. Heureuse ville, où les saints livres sont
« étudiés avec une si noble passion, où leurs pro-
« fonds mystères sont enseignés sous l'influence
« même de la lumière divine qui éclaire les esprits, où
« l'ardeur des étudiants est si grande, et où si
« grande est la science des Ecritures qu'elle mérite
« bien d'être appelée une autre *Cariatsepher* (cité
« des lettres (1)! »

Quant aux étudiants, communément appelés
clercs, ils se recrutaient dans toutes les provinces
et dans toutes les classes, notamment parmi les
meilleurs élèves des écoles épiscopales et monastiques. En arrivant à Paris, ils se groupaient selon
leurs diverses nationalités qui ne tardèrent pas à
être caractérisées par des sobriquets et des dictons.
Ils y jouissaient ainsi que les maîtres de nombreuses franchises, et depuis une rixe survenue entre
les étudiants allemands et les habitants du fau-

---

(1) Cité par Du Boulay, II, p. 252.

bourg Saint-Marcel, il fut statué par un acte royal,
le premier connu dans l'histoire en faveur de
l'Université, qu'ils ne seraient arrêtés qu'en cas de
flagrant délit et par les gens du roi, pour être
remis à l'autorité ecclésiastique, de laquelle ils
relevaient uniquement.

Les cours étaient gratuits pour les pauvres. Les
aumônes, les fondations pieuses fournissaient à leur
entretien, et plusieurs savaient se suffire à eux-mêmes par les petites rémunérations qu'ils recevaient,
soit en se faisant, comme naguère Maurice de Sully,
les serviteurs des clercs plus riches, soit en portant
le dimanche de l'eau bénite dans les maisons parti-
culières, selon la coutume gallicane.

Chacun habitait seul, ou avec un camarade, quelque modeste chambre d'hôtellerie n'ayant d'ordinaire pour tout trésor que sa petite collection de
volumes et de rouleaux de parchemins. On le com-
prend sans peine, tous n'avaient pas une ardeur
égale pour l'étude. « Le bon écolier, disait plus tard
« Robert de Courçon, doit aller se promener le soir
« sur les bords de la Seine, pour y répéter ou y
« méditer sa leçon ; et déjà un trop grand nombre
« se rendent au Pré-aux-Clercs pour s'y livrer à des
« jeux bruyants, souvent même à des querelles san-
« glantes avec les bourgeois du quartier et les reli-
« gieux de Saint-Germain. Quelques-uns sont telle-
« ment volages, tellement insouciants, que même,
« avec d'habiles professeurs, ils arrivent à ne rien

« savoir. Ils vont d'une chaire à l'autre, changeant
« continuellement de cours et de livres. Ils suivent
« les classes l'hiver et se retirent l'été. On en voit
« qui tiennent simplement au titre d'écolier, ou aux
« revenus consacrés par les églises à l'entretien des
« étudiants pauvres : ils viennent s'asseoir sur les
« bancs une fois ou deux par semaine (1). » —
« Plus d'un même y dissipe, dans la paresse et le
« désordre, le gain de soc et de charrue, l'argent
« que son père s'est épuisé à lui fournir, afin de le
« mettre en état *de prix et honneur conquérir* (2). »

Dès son arrivée, Réginald prit place, dans la na-
tion gallicane, parmi les étudiants de la province de
Bourges qui comprenait tout le midi de la France,
l'Espagne et l'Italie. Il ne voulut pas ressembler à
ceux qui s'*estimaient recommandables pour être venus
à Paris, et non pour y avoir acquis de profondes
connaissances.* Il était de la noble race de ceux « qui,
poussés par l'amour de la science, avaient quitté
leur patrie pour se rendre aux écoles de l'Université,
au prix de fatigues et de dangers sans nombre, pré-
férant la vie sobre et frugale qu'ils y menaient, à la
vie de plaisirs et de délices, si séduisante pour la
jeunesse, dont ils auraient pu jouir dans la maison
paternelle (3). »

(1) Lecoy de la Marche, la *Chaire française au moyen âge*, p. 417
et suiv.

(2) Félix Faure, *Vie de saint Louis*, II, p. 447.

(3) Du Boulay, *loc. cit.*, II, p. 253.

Le moment était d'ailleurs plus que jamais favorable aux études. Les écoles de Paris possédaient, outre l'Organon, les principaux ouvrages d'Aristote récemment retrouvés : la Physique, le Traité de l'âme, la Morale, la Politique et la Métaphysique. Réginald suivit d'abord les cours des *Artistes* qui venaient de s'établir à la rue de Fouarre. Il étudia la Logique ; mais cette science ne devint pas un but pour lui comme pour tant d'autres ; elle resta un moyen et un instrument, car il savait que *ce serait folie au laboureur d'aiguiser sans cesse le soc de la charrue et de ne l'enfoncer jamais dans la terre* (1). Il s'en servit tout d'abord pour se préserver des graves erreurs qui commençaient à s'accréditer dans l'Université.

Les œuvres d'Aristote n'étaient pas arrivées à Paris dans toute leur pureté. Il existait alors peu de versions dérivées du texte original ; la plupart avaient été profondément altérées par une série de traductions de grec en hébreu, d'hébreu en arabe, d'arabe en latin, et surtout par les commentaires des philosophes alexandrins, des rabbins juifs et des docteurs musulmans. Le Panthéisme et le Matérialisme pénétrèrent à leur suite dans les écoles. Des maîtres revêtirent ces systèmes d'une forme savante, et les présentèrent comme un développement naturel de la philosophie péripatéticienne. La foi fut

(1) *Chaire française, etc.*, p. 432.

bientôt mise en péril par leur application à la Théologie. Déjà le grand évêque de Paris, Maurice de Sully, avait protesté contre ces erreurs. Apprenant, dans sa dernière maladie (1196), que plusieurs docteurs doutaient de la Résurrection des corps, il fit écrire sur un rouleau ces paroles de Job : *Je sais que mon Rédempteur est vivant, etc.*, et ordonna qu'on le déposât, après sa mort, sur sa poitrine, afin de donner à tous ceux qui assisteraient à ses funérailles un témoignage solennel de sa foi et de ses espérances. En 1204, l'Eglise contraignit un professeur de Théologie, Amaury de Bêne, qui passait pour enseigner les idées nouvelles, à les rétracter publiquement devant l'Université. Cinq ans après, un Concile provincial, sachant qu'il ne les avait désavouées que des lèvres, et que les Cathares recrutaient leurs principaux partisans parmi ses disciples, le condamna de nouveau et le déclara anathème. On exhuma son corps, et ses os furent jetés au vent. Le Concile condamna aussi au feu le *Quaternuli* de David de Dinant, et *défendit, sous peine d'excommunication, l'enseignement public ou privé des livres de Physique d'Aristote et de leurs commentaires* (1).

Les mœurs étaient encore plus exposées que la foi, et il était beaucoup plus difficile de rester chaste que croyant. Réginald dut redoubler d'efforts pour

(1) Jourdain, *Philosophie de saint Thomas-d'Aquin*, I, p. 40. — D. Martène, *Thesaurus nov. anecdot.*, IV, p. 166.

conserver dans son adolescence la piété et la chasteté de son jeune âge. En effet, la vie des étudiants était loin d'être exemplaire. Tous les auteurs contemporains ont raconté leurs désordres; Jacques de Vitry nous en a laissé le tableau suivant : « Plus corrompue alors dans les clercs que « dans toute autre classe de la société, l'Université « corrompait, comme une brebis galeuse, ses hôtes « innombrables. Elle dévorait ses habitants, les « plongeait dans l'abîme du vice, et ne comptait pas « pour péché la simple fornication. Les femmes « publiques circulaient sur toutes les places, dans « tous les carrefours; elles entraînaient tous les « clercs qu'elles rencontraient sur leur passage, et « si par hasard ils faisaient résistance, elles se met- « taient à leur poursuite en les accusant d'un vice « infâme. Dans une même maison, en haut, se trou- « vaient des écoles; en bas, des lieux de prostitu- « tion. Les folles et honteuses dépenses étaient dé- « corées des noms de distinction et de libéralité; la « piété, la sobriété, la justice, si hautement recom- « mandées par l'Apôtre, étaient taxées de bassesse, « d'avarice et d'hypocrisie. » — « ... O Paris, s'é- « criait encore Pierre de Celles, comme tu es ha- « bile à perdre les âmes; tu es le repaire du vice, le « foyer de tous les crimes; en toi les flèches de « l'enfer transpercent les cœurs des insensés (1) ! »

(1) Du Boulay, *loc. cit.*, p. 686.

Heureusement, la religion trouvait des ressources
puissantes contre ces scandales dans la vigueur des
caractères, l'universalité de la foi et la parole de ses
ministres. Saint Bernard en avait fait l'expérience,
lorsque, passant dans cette ville, et invité par l'é-
vêque Etienne à prêcher aux étudiants, il leur avait
adressé un discours qui fut suivi de nombreuses et
éclatantes conversions. L'apôtre de Paris était alors
le prêtre Foulques, curé de Neuilly-sur-Marne. Il
avait prêché la croisade et tonné contre l'usure im-
portée d'Italie en France, où elle exerçait de grands
ravages. Maintenant il prêchait la réforme des
mœurs ; les esprits étaient bien préparés. Innocent III, voyant que Philippe-Auguste refusait toujours de reprendre la reine Ingerburge, injustement
répudiée, venait de lancer l'interdit contre son
royaume, afin de venger et de sauvegarder la sainteté du mariage chrétien. La tristesse et l'épou-
vante avaient pénétré tous les cœurs. Le prêtre
Foulques acheva de les retourner vers Dieu. Quand
il devait prêcher, les étudiants se disaient les uns
aux autres : *Allons entendre le nouveau Paul.* Une
multitude immense accourait à sa voix, se pressait
autour de lui, au point de l'étouffer, et s'arrachait
ses vêtements comme des reliques. Un jour qu'il
prêchait sur la place de Champeaux, sa parole illet-
trée et austère fit une telle impression, que plusieurs,
touchés de repentir, s'avancèrent pieds nus, des
verges à la main, et tombèrent à genoux devant lui,

en confessant publiquement leurs péchés. Un grand
nombre de courtisanes coupèrent leurs cheveux et
renoncèrent à leur ignominie. C'est alors qu'il
fonda, pour celles qui se convertissaient, l'abbaye de
Saint-Antoine; les étudiants voulurent coopérer à
son établissement, et lui remirent 250 livres. Bientôt l'état de la ville fut entièrement renouvelé.

Réginald n'eut qu'à se réjouir d'un tel spectacle.
Sa conduite était telle, que l'intrépide Apôtre la
voulait, au nom de l'Eglise, chez les clercs de l'Université. Depuis longtemps il avait dit à la Sagesse :
Tu es ma sœur. En arrivant à Paris, il avait dit à la
Prudence : *Sois mon amie* (Prov., VII, 4), et avait
adopté un genre de vie sobre, retirée, laborieuse.
Sachant que la chasteté est *un don de Dieu, et que
nous portons ce trésor dans des vases fragiles*, il ne
cessait pas de la demander dans d'ardentes prières,
et, pour être mieux exaucé, il aimait tendrement la
Sainte Vierge, qu'il allait souvent invoquer à l'église
Notre-Dame, dont il suivait les offices de nuit et de
jour, selon la coutume des clercs pieux de son
temps. C'est ainsi qu'il put vivre chastement au
sein d'une ville et d'une jeunesse corrompues, semblable à cette fontaine d'Aréthuse, dont on parlait
dans les écoles, qui mêle ses eaux à celles de la
mer sans en contracter l'amertume.

Réginald passa de l'étude de la Philosophie et des
sciences humaines à celle de la Théologie et des
sciences sacrées. Les écoles les plus célèbres étaient

celles de Saint-Germain-des-Prés, de Sainte-Geneviève et du cloître de Notre-Dame. Il est probable
qu'il s'attacha de préférence à celle-ci, car nous l'y
verrons bientôt étudier et enseigner le droit canon.
Pendant ce temps, il s'éleva, par degrés, dans la
hiérarchie ecclésiastique, aspirant de plus en plus à
la possession de la véritable sagesse, qui est à la fois
science et amour, lumière et flamme. Il ne voulait
pas ressembler à ces miroirs qui absorbent beaucoup
de lumière et sont impuissants à la réfléchir; et le
jour où il reçut la consécration sacerdotale, il ap-
portait à Dieu et à l'Eglise une science égale à sa
vertu, un esprit élevé, nourri de fortes études, et
un cœur virginal, rempli de dévouement et de tendresse.

On vit alors s'accomplir un grand mouvement religieux au sein de l'Université. De riches étudiants,
des docteurs fameux entrèrent, les uns chez les
Chartreux et les Cisterciens, les autres chez les
Mathurins ou dans l'Ordre du Val-des-Ecoliers, dont
la fondation était toute récente. Réginald comptait
sans doute parmi eux des maîtres et des amis chers
à son cœur. Mais il ne suivit pas leur exemple. La
voix de Dieu ne s'était pas fait entendre à lui; son
heure n'était pas encore venue, et ce n'est pas dans
ces cloîtres qu'il devait être appelé.

Après avoir consacré plusieurs années à l'étude
de la Philosophie et de la Théologie, il s'appliqua
particulièrement à l'étude du Droit canon, qui de-

vint bientôt sa science favorite, celle qui devait illustrer son nom, lui ouvrir le chemin des dignités ecclésiastiques, et préparer les voies à sa vocation définitive. La Faculté de Décret le reçut en 1206, vers l'âge de trente ans, dans les rangs de ses docteurs, et le compta depuis parmi ses régents les plus distingués (1). Disons un mot sur l'état de cette science à cette époque.

« A l'origine, l'étude des Saints Décrets n'était point séparée de la Théologie. Les canons des conciles et les décisions suprêmes des papes n'étaient qu'un lieu de preuves, un moyen de confirmation de la thèse, comme les emploient encore du reste les auteurs qui traitent du dogme et de la morale. Ce n'est que peu à peu, lorsque l'Église étendit sa puissance, et avec elle les lois qui devaient la défendre, que cette branche des sciences ecclésiastiques prit une plus grande importance, et tendit à se distinguer en un corps de doctrine spéciale... Vers le milieu du XIIᵉ siècle, cette séparation paraît accomplie (2). » Les décrétistes enseignent à côté des théologiens dans le cloître de Notre-Dame (3) ;

---

(1) ... *Academiam Parisiensem prioribus annis coluit et illustravit Reginaldus, et juris canonici in ea doctor laurentus, idem jus ibidem annis quinque e superiori loco interpretatus est...* (Echard, *loc. cit.*, I, p. 89.)

(2) *Discours sur l'Histoire de l'ancienne Faculté de Décret de Paris,* par M. l'abbé Bourret, 5 décembre 1864.

(3) Ce n'est que vers 1227, au début du règne de saint Louis, que

ils exposent et commentent le *Décret* de Gratien, comme ceux-ci exposent et commentent les *Sentences* de Pierre Lombard.

Ils enseignaient, selon l'usage, les lois civiles conjointement avec les lois canoniques, car l'ignorance des temps et la confiance des peuples avaient remis la judicature aux mains du clergé. La publication des *Pandectes* de Justinien, dont un manuscrit existait à Pise avant le XIIe siècle, avait ranimé tout à coup l'étude du Droit romain (1). Le clergé s'y livra avec une ardeur passionnée; la Théologie fut délaissée; les chanoines quittèrent leurs églises, les moines leurs couvents pour devenir écoliers en droit dans les Universités. Quatre conciles censurèrent vainement cette étude, d'autant plus séduisante qu'elle conduisait aux honneurs et à la fortune. Les papes durent intervenir, et, en 1219, Honorius III la défendit expressément aux religieux et aux clercs, afin de les éloigner des causes foraines qui leur faisaient négliger trop souvent les sciences sacrées et les premiers devoirs de leur vocation.

L'Ecole de Droit la plus renommée était, sans contredit, celle de Bologne. Cependant l'Université de Paris sut attirer bientôt de savants professeurs. On cite, parmi les plus célèbres, Gérard la Pucelle,

les *décrétistes* s'installèrent au Clos-Bruneau, un peu au-dessus des *artistes*, déjà établis dans la rue de Fouarre.

(1) Savigny, *Histoire du Droit romain au moyen âge*, t. III, p. 77-317.

d'origine anglaise, qui enseigna de 1160 à 1177, et devint évêque de Paris; Anselme de Paris, qui fut ensuite évêque de Meaux; Mathieu d'Angers et Etienne de Paris, qui furent plus tard, l'un cardinal, l'autre archidiacre d'Autun (1).

Réginald ne fut pas indigne de ses illustres devanciers. Le décret de Gratien n'était qu'une vaste compilation et un texte aride; il y fit briller, à l'aide de la méthode scolastique, la clarté, l'ordre, l'unité; il le féconda par son érudition et son éloquence, et, pendant cinq années consécutives, une foule de disciples entoura sa chaire pour recueillir avidement ses leçons.

Il enseignait avec un succès toujours croissant, lorsque les chanoines de Saint-Aignan d'Orléans jetèrent les yeux sur lui pour le mettre à leur tête. Ils appartenaient à une ville où les écoles de Droit canon étaient très florissantes, à une collégiale qui cultivait les sciences sacrées depuis cinq siècles; ils se trouvaient, d'ailleurs, dans une situation délicate et difficile, par suite des circonstances que nous allons rapporter. Le nom du jeune et éminent professeur arriva jusqu'à eux (2), et, d'un commun accord, ils l'élurent pour doyen. Celui-ci s'inclina

---

(1) Crevier, *loc. cit.*, I, p. 241.

(2) Il est probable qu'ils le connurent en visitant la chapelle qu'un de leurs doyens, Etienne de Garlande, devenu archidiacre de Paris, avait fait bâtir près de Notre-Dame, en l'honneur de saint Aignan. — Voir le Document I, à la fin du volume.

devant ce choix inattendu, et se voyant appelé
moins à l'honneur qu'à la peine, il quitta Paris
pour se rendre au poste que lui assignait la Providence.

CHAPITRE III

Réginald Doyen de la Collégiale de Saint-Aignan; sa prudence, sa
sagesse, sa bonté. — Il se livre à la prédication, et désire embrasser la pauvreté volontaire et la vie apostolique. — Situation de
l'Église au XIIIe siècle. — Mission des Frères Prêcheurs et des
Frères Mineurs.

(1211 - 1218)

Le monastère de Saint-Aignan fut bâti, au commencement du VIe siècle, sur le tombeau de
l'évêque de ce nom, qui avait préservé la ville d'Orléans de l'hérésie triomphante d'Arius et de la redoutable invasion d'Attila. Sous Pépin et Charlemagne, les moines, singulièrement déchus de leur
discipline primitive, furent remplacés par une collégiale de chanoines qui vécurent longtemps en
commun sous la règle de Saint-Augustin et dirigèrent une école importante. Hugues Capet, devenu
roi, rendit à leur église tous les biens dont les ducs
de France et les comtes d'Orléans s'étaient emparés,
selon la coutume abusive introduite par Charles
Martel. Son successeur, le pieux et pacifique Ro-

bert, releva l'antique sanctuaire et augmenta ses
possessions et ses priviléges. A son exemple, presque
tous les rois de la deuxième race s'honorèrent de
porter le titre d'abbés de Saint-Aignan, à cause de
la seigneurie d'Orléans, qui était leur domaine particulier. Les doyens devaient leur rendre, en retour,
foi et hommage, comme à leur suzerain. Ils recevaient l'investiture, en présence des officiers du
roi, par la tradition d'une épée, d'une ceinture,
d'une bourse, avec deux éperons d'or, et l'épervier
sur le poing (1).

C'était là plus qu'un honneur et une dignité.
« Les larges immunités dont jouissait Saint-Aignan,
« la longue illustration de son église, l'administra-
« tion d'importants domaines, la nomination à de
« nombreux bénéfices, l'exemption absolue de l'é-
« vêque et du Chapitre, les conflits trop fréquents
« qui naissaient de ces richesses et de ces priviléges,
« tout faisait de ce poste un poste difficile, où la sa-
« gesse devait régler le commandement (2). » Cette
sagesse était d'autant plus nécessaire au nouveau
doyen, que Manassès de Seignelay, évêque d'Orléans, se trouvait alors engagé dans un grave con-
flit avec le roi de France. Celui-ci avait rassem-
blé (1209) ses évêques et barons à Mantes, et leur

(1) Hubert, *Antiquités historiques de l'église de Saint-Aignan*,
p. 50-92.
(2) Abbé Baunard, *Le Bienheureux Réginald de Saint-Aignan*,
p. 12. Orléans, 1863.

avait ordonné d'aller en Bretagne faire le siége d'un
château qui servait de refuge aux Anglais, sous le
commandement du comte de Saint-Paul. Guillaume
de Seignelay, évêque d'Auxerre, et son frère Manassès avaient refusé et ramené aussitôt leurs troupes, en soutenant qu'ils n'étaient tenus de faire la
guerre que lorsque le roi s'y rendait en personne.
Philippe-Auguste, indigné, fit confisquer toutes
leurs régales, et ceux-ci, usant de représailles, jetèrent l'interdit sur les terres du roi qui se trouvaient dans leurs diocèses. Cependant le Chapitre
d'Orléans refusa de fulminer l'interdit contre la
ville, et le roi s'empressa de l'en remercier et de l'en
féliciter. Quant au doyen de Saint-Aignan, appelé
Guillaume, et ancien chapelain de Philippe-Auguste,
il soutint vigoureusement son droit d'exemption. Sa
mort, survenue au milieu de ce démêlé, jeta les
chanoines de Saint-Aignan dans un double embar-
ras. Depuis plusieurs années ils se trouvaient en
lutte avec leur doyen, et leur discorde était maintenant aggravée par leurs débats avec l'évêque.
Ils songèrent donc à mettre à leur tête un homme
capable de faire respecter leurs droits, et de réta-
blir la paix au sein de leur collégiale. Leur choix
tomba, comme nous l'avons vu, sur Réginald, et
Philippe-Auguste, informé de ses mérites, lui
donna volontiers l'approbation royale (1).

(1) Hubert, *loc. cit.*, p. 102. « *A la prière du Chapitre de Saint-*

Réginald répondit à la confiance du roi et à l'attente des chanoines. A peine installé, il seconda de tous ses efforts l'intervention du souverain pontife, invoquée par les deux parties. La paix fut enfin rétablie l'année suivante. Le roi de France stipula en faveur des chanoines de Saint-Aignan, qu'ils ne seraient pas inquiétés par l'évêque pour s'être opposés à l'interdit : stipulation inutile; Réginald et Manassès n'avaient pas tardé à s'entendre, et à s'unir d'une étroite amitié (1).

Tous les actes connus de son administration sont autant de monuments de sa prudence et de sa sagesse. Un des premiers fut un acte de bonté. Dans un temps où l'Église provoquait activement l'affranchissement des serfs, il délivra lui aussi des diplômes de franchise à des gens de son ressort. Nous citerons celui qui nous a été conservé et qui fut octroyé à une femme, nommée Améline, et à toute sa postérité.

« Réginald, doyen de Saint-Aignan d'Orléans, et « tout le Chapitre de la même Église, à tous ceux « qui liront les présentes lettres, salut dans le « Seigneur.

« Nous faisons savoir à tous que pour l'amour de

Aignan, Réginald (qui avait pris naissance dans la ville de Saint-Gilles, en Languedoc) fut fait doyen par le roi Philippe-Auguste, environ l'an 1211, et demeura l'espace de sept ans en cette dignité. »

(1) Léopold Delisle, Catalogue des Actes de Philippe-Auguste, p. 285-316. — Hubert, loc. cit., p. 102.

« Dieu et du prochain, nous avons affranchi Améline,
« fille de Gaufred Malehue, de tout joug de servage,
« dont elle était redevable à notre Eglise, elle et sa
« postérité, à tout jamais ; de telle sorte que dans le
« *quartier* de notre cloître, relevant de notre Eglise
« par *droit féodal*, ni elle, ni ses héritiers ne pour-
« ront rien réclamer désormais, à moins qu'ils ne
« veuillent se soumettre au même servage. En foi
« de quoi et pour en assurer la fixité et la stabilité,
« nous avons dressé le présent écrit et l'avons
« muni de notre sceau.

« Fait en notre Chapitre, au mois de janvier de
« l'an de l'Incarnation MCCXII, en conseil des
« principaux personnages réunis dans notre
« Eglise : de Robert, chantre ; de Jean, sous-doyen ;
« de Grégoire, chapier ; de Berter, sous-chantre.
« De la main de Jean, notre sous-doyen (1). »

Réginald sut encore transiger sagement avec son
Chapitre et faire disparaître les points litigieux. Il
porta des décrets qui fixaient les droits de tous et
de chacun ; leur teneur remarquable ne révèle pas
moins la droiture de l'homme que la science du
canoniste (2). La piété, le zèle et la sagesse qu'il
déploya dans sa charge lui concilièrent bientôt l'es-
time et la sympathie générales. « Son Chapitre n'a-
« vait point d'autres sentiments que les siens et il

(1) Voir le Document II.
(2) Voir les Documents III, IV et V.

3.

« en était aussi bien l'interprète que le chef. Comme
« il agissait par ses mouvements, il s'expliquait par
« ses paroles, et sachant que celui qui le conduisait
« était saint, il eût cru résister à l'esprit de Dieu
« s'il eût résisté à ses volontés. Cette parfaite intel-
« ligence avec son Chapitre n'empêcha point qu'il
« n'en eût une aussi étroite avec son évêque. Leurs
« intérêts ne divisèrent jamais leurs esprits, et ces
« deux personnages furent si étroitement unis
« ensemble qu'on eût cru que l'évêque était doyen
« ou que le doyen était évêque (1). » Aussi, lorsque
Manassés dut partir, avec son frère Guillaume, vers
le commencement de 1213, pour mener des troupes
au comte de Montfort contre les Albigeois, il voulut
sceller son amitié pour Réginald et sa réconciliation
avec la collégiale de Saint-Aignan, en faisant un don
généreux à son église *pour la rançon de son âme et
des âmes de ses parents* (2).

Cependant Réginald travaillait sans relâche à sa
propre sanctification et à celle du troupeau qui
lui était confié. La collégiale de Saint-Aignan
avait charge d'âmes, et la prédication constituait un
des devoirs principaux du doyen. Le concile de
Latran en rappela l'obligation aux évêques par un
décret solennel qui se terminait ainsi : « Nous or-
« donnons que dans toutes les églises cathédrales et

(1) P. Senault, *Vie du Bienheureux Renaud de Saint-Gilles*,
p. 5 et 6.
(2) Voir le Document VI.

« collégiales, des hommes capables soient élus pour
« être adjoints à l'évêque comme coadjuteurs et
« coopérateurs... » (Session III, cap. X.)

Le nouveau doyen de Saint-Aignan n'avait pas
attendu la promulgation de ce décret; il avait trop le
sentiment de ses devoirs pour ne pas les remplir
sans retard dans toute leur intégrité. Dès les premiers jours, il avait distribué largement à son peuple le pain de la parole de Dieu. Mais déjà ce ministère pastoral ne suffisait plus à son zèle. Il songeait
à renoncer à sa charge, pour embrasser la pauvreté
volontaire et se consacrer tout entier à la prédication de l'Evangile. Le feu de la charité embrasait son
âme, et comme Jésus-Christ qui l'avait apporté sur la
terre pour l'y allumer, il désirait ardemment le com-
muniquer aux autres, afin de les embraser à leur
tour. Il ignorait encore comment il pourrait réaliser
son dessein. Arrivé à la pleine possession de ses forces, et déjà au sommet de la vie, il ressemblait au
voyageur qui, s'avançant dans un pays inconnu,
gravit une hauteur pour interroger au loin l'horizon,
et découvrir le point vers lequel il doit diriger sa
course. Un travail secret et douloureux s'accom-
plissait en lui; il cherchait à démêler la trame de
sa destinée. Emu et troublé, il disait souvent à Dieu:
*Seigneur, faites-moi connaître la voie que je dois
suivre;* et pour seconder l'action de la grâce, il
s'étudiait soi-même, et il étudiait aussi les conditions présentes de l'Eglise et de la société.

Jusque là, sa vie s'était passée dans l'étude et l'enseignement, dans le cloître et la prière. Il était entré dans les voies de l'apostolat par ses prédications dans la collégiale, et avait connu ainsi le « commerce des âmes, commerce qui est la véri- « table félicité du prêtre quand il est digne de sa « mission et qui lui ôte tout regret d'avoir quitté « pour Jésus-Christ les biens, les amitiés et les « espérances de ce monde (1). » Depuis ce jour, l'apostolat avait pour lui des attraits irrésistibles.

L'histoire lui montrait l'institut cénobitique sorti de la Thébaïde, occupant dès le milieu du cinquième siècle toutes les provinces de l'Empire romain, pour lutter contre le paganisme invétéré du vieux monde, et campé sur toutes les frontières pour y attendre et gagner les barbares. Tous ces monastères, transformés en monastères bénédictins, depuis que la règle de Saint-Benoît avait été adoptée et glorifiée par la papauté, lui apparaissaient comme suscités de Dieu pour abriter, contre l'orage déchaîné sur l'Europe par les invasions barbares, le travail, la science et la vertu, ces trois éléments de toute vraie civilisation. Il en voyait encore les restes magnifiques autour de lui, et presque sous ses yeux. Près d'Orléans, dans le val de Micy, il voyait le monastère « où saint Maximin, amené par Clovis lui-même, avait

(1) R. P. Lacordaire, *Mémoire* publié par M. de Montalembert.

enseigné, trente ans avant la fondation du Mont-Cassin, le travail volontaire et fécond de l'homme libre, à des populations qui ne connaissaient guère que l'oisiveté orgueilleuse des maîtres, ou le travail contraint et stérile des esclaves. » Plus loin, de l'autre côté de la ville, s'élevait celui de Fleury, appelé par excellence le monastère de Saint-Benoît, depuis qu'il avait reçu d'Italie le corps du patriarche des moines d'Occident. « Pendant des siècles de nuit et de tempête, le feu sacré de la science s'était conservé sous ses cloîtres, à l'ombre de cette gigantesque basilique, dont la masse solennelle apparaît encore de loin, au-dessus des flots de la Loire, comme la tombe de tout un monde passé (1). » Enfin, à Marmoutiers, près de Tours, se trouvait la fameuse abbaye fondée par saint Martin, pour servir d'asile à la prière et à la pénitence.

Mais ce n'étaient là que des ordres monastiques, essentiellement voués à la sanctification personnelle de leurs membres, et n'entrant pas directement dans le service public de l'Eglise. Sans doute, ils étaient toujours, malgré leur déclin, d'une incontestable utilité. Réginald ne les regardait pas « comme des astres condamnés à s'éteindre, parce qu'ils n'étaient pas liés à l'ensemble de la nature, et qu'ils ne devaient y briller qu'un jour (2). »

(1) *Discours sur les souvenirs religieux d'Orléans*, 1859, par M l'abbé Brugère.

(2) R. P. Lacordaire, *Mémoire* inédit *pour la restauration des Frères Prêcheurs*, etc.

Il lui semblait avec raison qu'ils ne devaient plus être les seuls dans la chrétienté. Si la science ne pouvait pas encore lui révéler que de nouveaux astres surgissent sans cesse dans les profondeurs du ciel, son cœur et sa foi lui disaient assez que puisque Jésus-Christ avait créé de nouveaux cieux et une terre nouvelle, il devait susciter maintenant d'autres astres, et au besoin toute une constellation, destinés, selon la parole de l'Ecriture, à illuminer le firmament à la fois obscurci et agrandi de son Eglise.

Déjà un grand progrès s'était accompli. Saint Bruno avait fait refleurir la solitude et la contemplation dans le désert de la Grande-Chartreuse. Le vénérable Pierre de Cluny avait rajeuni le vieux tronc de Saint-Benoît ; Saint Bernard l'avait fécondé par un jet vigoureux. Saint Norbert avait renouvelé l'institution des chanoines réguliers par la splendeur du culte public, et un mélange austère des pratiques de Cluny et de Cîteaux. Enfin, divers Ordres de chevalerie s'étaient levés contre l'islamisme pour la défense du Saint-Sépulcre, et celui de la Trinité venait d'être fondé pour racheter les chrétiens captifs des infidèles.

Ce n'était pas encore assez. D'autres besoins et d'autres temps réclamaient d'autres institutions; d'autres captifs soupiraient après leur délivrance. Une barbarie d'un nouveau genre menaçait la chrétienté, et les Ordres *monastiques* ne suffisant plus pour l'arrêter, Dieu devait susciter les Ordres *apostoliques*.

Les croisades avaient brisé, il est vrai, la puissance matérielle de l'islamisme. Vaincu en Espagne, chassé de l'Italie, le croissant se voyait fortement attaqué au centre même de son empire. Mais son influence intellectuelle et morale, secondée par la maison des Hohenstauffen, n'était pas moins menaçante et redoutable. Ses faux docteurs pénétraient plus loin que ses armées, et tandis que celles-ci étaient vaillamment repoussées de toutes parts, ils envahissaient les Universités, qui accueillaient avec enthousiasme leurs ouvrages et leurs commentaires sur Aristote. Egarée, depuis plus d'un demi-siècle, par l'abus de la dialectique, la science croyait y trouver contre la foi des armes qui se retournaient contre elle-même, et déjà, victime de sa révolte, confondue dans son orgueil, elle enseignait, nous l'avons vu, les erreurs les plus grossières et les plus monstrueuses.

Les mœurs n'étaient pas moins ébranlées que les croyances. En ce moment, le soleil de la papauté passait au méridien de sa puissance politique et temporelle, qui avait été une des causes les plus actives du progrès européen. Les églises et les monastères étaient en possession d'immenses richesses territoriales. Ces richesses ne cessaient pas d'être « le don de la générosité des peuples et de la magnificence des rois, le patrimoine des pauvres et la rançon des âmes, ainsi que le fruit de longs et pénibles travaux. » Mais leurs possesseurs ne s'honoraient plus généralement par la pratique de leurs devoirs, et moins encore par la culture personnelle de leurs domaines. Ils se faisaient remplacer à la charrue par des serfs ou des paysans, et leur oisiveté comme leur opulence engendraient de graves désordres et des abus scandaleux. Les biens de l'Eglise devenaient trop souvent le prix de la simonie et de l'ambition, ou la proie de la paresse et de la luxure. Les croisés avaient d'ailleurs assisté, en Asie, au spectacle des mœurs musulmanes. Fascinés par cette religion des sens, ils en avaient introduit le goût et les pratiques en Europe, et n'avaient plus pour la femme ce culte de respect, d'honneur et de fidélité que la chevalerie lui avait voué, sous les inspirations du christianisme.

D'autre part, l'hérésie avait pris des accroissements rapides, à la faveur de l'ignorance et de la corruption générales.

C'était d'abord l'hérésie des Albigeois qui se rattachait à celle des Manichéens, dont elle professait les dogmes principaux. Condamnés et vaincus dans l'Orient, les disciples de Manès s'étaient réfugiés secrètement dans la Thrace et la Bulgarie, d'où ils ne cessaient d'envoyer des missionnaires aussi zélés qu'astucieux. Plusieurs croisés, qui les avaient rencontrés sur la route de Constantinople, en avaient rapporté les erreurs dans leur propre pays. Nombreux et puissants en Allemagne, en Italie, et surtout dans le midi de la France, ils affrontaient la lumière, et ne craignaient pas d'employer la force pour assurer le triomphe de leurs doctrines.

C'était ensuite l'hérésie des Vaudois. Peu soucieux des erreurs spéculatives des Manichéens, ignòrants et fanatiques comme leur maître, Pierre Valdo, riche négociant de Lyon, ses partisans se posaient en réformateurs, et prêchaient hardiment que l'Eglise romaine avait dévié du droit sentier, et devait être ramenée à la simplicité de l'Evangile. Les Albigeois et les Vaudois s'étaient bientôt répandus dans les mêmes contrées, et, après avoir mélangé leurs erreurs, ils avaient uni leurs efforts contre l'ennemi commun.

Innocent III, qui gouvernait alors l'Eglise, avait compris le grave danger dont elle était menacée, et luttait vaillamment afin de le conjurer. Il avait convoqué le concile de Latran pour l'*extirpation de l'hérésie et la réforme de la discipline.* Le mal était signalé ; mais le remède ne semblait pas trouvé ; la guérison n'apparaissait pas, et une nuit, peu de temps avant sa mort, ce grand pape vit en songe les deux tours de Saint-Jean-de-Latran chanceler sur leurs bases : symbole expressif et douloureux de la décadence de la foi et des mœurs dans le peuple chrétien.

Pour arrêter la décadence et ramener le progrès,

il fallait une effusion nouvelle de cet Esprit qui, au temps des Apôtres, avait renouvelé la face de la terre ; il fallait encore la parole et l'exemple, la science et la vertu, l'apostolat et la pauvreté volontaire, et tout cela, non pas seulement dans quelques membres isolés, mais dans une corporation, à l'état d'institution publique et permanente.

Il fallait d'abord constituer un corps de docteurs et de prédicateurs, destinés à porter en tous lieux une parole actuelle, vivante, au niveau des besoins intellectuels et moraux de l'époque, à la fois simple et populaire, savante et doctrinale, afin de pénétrer dans les esprits et dans les cœurs, *comme un glaive à deux tranchants.*

Le concile de Latran avait publié un important décret touchant la prédication pastorale, qui était fort négligée et ne répondait plus aux besoins des temps nouveaux. Après avoir prêché la croisade, le prêtre Foulques s'était mis à voyager avec quelques compagnons, pour répandre l'enseignement religieux et réformer les mœurs. D'après Jacques de Vitry, leurs missions avaient un grand succès, mais elles ne produisaient pas de fruits durables ; les mauvais prédicateurs et les faux prophètes continuaient à se multiplier et à faire des progrès. L'entreprise de Foulques était un heureux essai, qui devait être exécuté sur une plus vaste échelle. Or, le clergé ne pouvait suffire, même avec la science, qu'à la prédication pastorale, essentiellement loca-

lisée et conservatrice ; celle-ci devait être couron-
née par une prédication conquérante et universelle,
capable de ramener à la foi les esprits égarés, et
d'étendre les frontières de l'Église en évangélisant
les *peuples plongés dans les régions et les ombres de
la mort*. Les deux grandes familles de Saint-Augustin
et de Saint-Benoît, les moines et les chanoines ne
pouvaient sortir de leurs cloîtres ou de leurs collégiales, pour devenir apôtres et missionnaires, qu'en
sortant de leur vocation, et à la faveur de circonstances exceptionnelles.

Il fallait de plus une institution vouée directement à la pratique de la pauvreté volontaire. Le
luxe des clercs, la richesse des moines étaient l'argument favori des Vaudois, et ceux-ci trouvaient
dans leur simplicité apparente le principal moyen
de succès auprès du peuple. Le moment était venu
de briser cette arme entre leurs mains, en donnant
au monde l'exemple d'un parfait détachement des
biens de la terre.

Tels étaient les sentiments et les pensées de
Réginald, et quand il jetait les yeux autour de lui
sur les Ordres religieux, il n'en trouvait aucun qui
fût en harmonie parfaite avec les besoins de la
chrétienté et avec ses propres aspirations. Le concile de Latran avait interdit *d'en fonder de nouveaux
afin d'éviter la confusion que leur trop grande
diversité pourrait introduire dans l'Eglise de Dieu*
(chap. XIII). Cependant Réginald ne désespérait

pas ; il se disait que, de même que la nature sait
varier ses produits d'après les saisons et les climats,
pour les distribuer aux hommes selon leurs besoins,
de même aussi l'Eglise saurait enfanter, à son jour
et à son heure, les Ordres et les institutions que
semblaient exiger les conditions des temps et les
besoins des chrétiens. Le saint concile avait fait une
réserve pleine de sagesse dans son décret : *Quiconque*, avait-il ajouté, *voudra embrasser la vie religieuse, devra entrer dans un Ordre établi ; quiconque voudra fonder un Ordre nouveau, devra faire
choix d'une règle approuvée*. Il restait donc possible de « bâtir dans la cité commune, sous la protection de ses vieux remparts, l'édifice particulier (1) »
des deux Ordres réclamés par la situation présente,
et de les instituer en combinant dans de sages pro-
portions l'antique et le nouveau, le génie de l'Orient
et celui de l'Occident, la contemplation et l'action,
l'élément monastique et l'élément apostolique, pour
faire de leurs membres des ouvriers et des soldats
qui restaureraient la chétienté en travaillant d'une
main et en combattant de l'autre, comme ceux
qui reconstruisaient le Temple, après la captivité de
Babylone.

Aussi Réginald redoublait-il de confiance et de
ferveur dans ses prières. Il répandait son âme devant
Dieu, et s'adressant ensuite à la Très Sainte Vierge,

---

(1) R. P. Lacordaire, *Vie de saint Dominique*, chap. VIII.

il la suppliait d'intercéder auprès de son divin Fils
afin qu'il se laissât toucher et prît enfin pitié de son
Église. Il ignorait encore que ses vœux et ses prières
étaient déjà exaucés.

«... La milice du Christ, dit le Dante, le poète
« chrétien par excellence, cette milice qu'il coûta si
« cher de réarmer, suivait sa bannière lente,
« craintive et peu nombreuse, quand l'Empereur,
« qui règne toujours, voulant la délivrer du péril
« par un effet de sa grâce et non en vue de ses mé-
« rites, envoya au secours de son Épouse deux
« champions dont les exemples et les paroles ral-
« lièrent le peuple égaré (1)... L'un fut tout séra-
« phique par sa charité; l'autre, par sa sagesse fut
« sur terre un reflet de la lumière des chérubins.
« Parler de l'un ou de l'autre, c'est parler de tous
« les deux, car leurs œuvres tendirent vers un
« même but (2)... »

Saint Dominique et Saint François furent ces deux
champions, suscités par Jésus-Christ, à la prière de
Marie, comme deux hommes de sa droite, pour soutenir et renouveler son Église (3). Institués au com-

---

(1) Le Dante, *Paradis*, *chant XIII*. Éloge de saint Dominique,
par saint Bonaventure.

(2) Id., *Chant XI*. Éloge de saint François, par saint Thomas
d'Aquin.

(3) « ...Oui, Dominique et François étaient véritablement les
» deux colonnes de l'Église : François par la pauvreté, qui a été
» son partage, et Dominique par la science. » *Dialogue de sainte
Catherine de Sienne*, XLVIII, 9.

mencement du XIIIe siècle, par une commune prédestination, les Frères Prêcheurs et les Frères Mineurs naquirent ensemble, ainsi que deux frères ju-
meaux, d'une même pensée et d'un même amour,
et tous deux eurent leur berceau dans un sanctuaire
consacré à la Reine du Ciel, leur Mère, l'un à Notre-
Dame de Prouille en Languedoc, l'autre à Sainte-
Marie-des-Anges, au pied des Apennins.

Et, pour ne parler ici que des Frères Prêcheurs,
Saint Dominique, fidèle héritier des vertus et du
dessein de Dom Diego, son maître et son ami, avait
porté presque seul après son départ (1207) le fardeau de l'apostolat. En 1215, il s'était rendu à Rome
avec Foulques, évêque de Toulouse, pour obtenir
d'Innocent III l'établissement d'un Ordre qui serait
de nom et de fait consacré à la prédication. Le souverain pontife lui avait donné des encouragements
et des promesses. Son successeur Honorius III avait
solennellement approuvé et confirmé cet Ordre de
Prêcheurs, dès que Dominique eut fait choix de
la règle de Saint-Augustin et des principales ob-
servances monastiques adoptées par Saint Norbert. Enfin, l'année suivante (1217), le saint patriarche avait convoqué tous ses Frères au couvent
de Prouille, et les avait dispersés dans plusieurs
villes : *car,* disait-il, *le grain se corrompt quand on
l'entasse, mais il fructifie quand on le sème.* Sept
d'entre eux, envoyés à Paris, étaient venus sans
doute, en passant à Orléans, s'agenouiller dans

l'église de Saint-Aignan, sur le tombeau du grand
évêque.

Toutes ces choses s'accomplissaient à l'insu de
Réginald ; mais Dieu, qui favorise toujours les desseins qu'il inspire, s'apprêtait à les lui révéler à lui.
« Jésus-Christ l'appelait intérieurement en Italie,
« pour en faire l'ornement d'un Ordre qui ne faisait
« que de naître. Ce grand saint suivait les mou-
« vements de Dieu sans les connaître. La grâce qui
« possédait son âme l'attirait à Rome, pour entrer
« dans la compagnie de Saint Dominique et pour
« assister ce glorieux patriarche dans un ouvrage
« qui devait être si utile à l'Eglise (1). »

C'était donc à Rome que Dieu l'attendait : à Rome,
centre de l'unité et de la foi, boulevard de la papauté,
foyer des grandes œuvres, et phare des grandes
vocations. Nous allons voir comment notre Bienheureux fut appelé à s'y rendre, pour n'être plus
seulement chanoine, mais encore apôtre et Frère
Prêcheur, pour cesser d'être doyen de Saint-Aignan
en devenant Vicaire de Saint Dominique, et mériter
ainsi le même éloge que l'Église devait décerner
à son maître et à son père : *Virum canonicum auget
in apostolicum.*

(1) P. Senault, *loc. cit.*, p. 6.

CHAPITRE IV

Pèlerinage à Rome de Réginald et de l'évêque d'Orléans. — Rencontre de Réginald et de Saint Dominique. — Sa maladie; sa vision et sa guérison miraculeuses. — Cette vision fut-elle le principe et la cause d'un changement dans l'habit des Frères Prêcheurs ?

●

(1218, juin-août.)

Il y avait sept ans que Réginald remplissait les fonctions de doyen de Saint-Aignan, lorsque l'évêque Manassès, qui l'aimait tendrement, voulant visiter Rome et Jérusalem, le pria de l'accompagner dans son pèlerinage. Il accepta d'autant plus volontiers, que depuis longtemps il avait formé le même projet, et n'attendait plus que le moment favorable pour le réaliser.

Les deux amis partirent d'Orléans vers la fin de juin de l'année 1218 (1). Quel chemin prirent-ils?

(1) La *Gallia Christiana*, t. VIII, cite deux chartes de l'évêque d'Orléans. (*Juillet* 1217, *mai* 1219.) — D'autre part, le *Catalogue des actes de Philippe-Auguste*, p. 403, cite un acte daté de juin 1218, par lequel Manassès, évêque d'Orléans, reconnaît que lui et ses successeurs sont tenus de rendre à Philippe-Auguste, quand ils en seront requis, la nouvelle tour que le roi avait fait élever à Sully. Cet acte prouve la présence de Manassès à Orléans en juin 1218. — Echard s'est donc trompé (*loc. cit.*, I, p. 89) en pensant que

Réginald vint-il à Saint-Gilles pour y revoir, avec sa famille, ses premiers amis et ses premiers maîtres, et prier dans la crypte de la vieille abbaye, où reposait maintenant, à côté du saint fondateur, le légat Pierre de Castelnau (1), tombé naguère, sur les bords du Rhône, sous les coups d'un sicaire de Raymond de Toulouse? L'histoire ne nous le dit pas : nous savons seulement qu'ils étaient arrivés à Rome peu de temps après.

Nous n'essaierons pas de décrire l'émotion qui dut remplir l'âme de notre Bienheureux, quand il entra dans la ville éternelle. La grandeur de la Rome antique disparut bientôt à ses yeux, devant la majesté de la Rome pontificale. Il s'empressa de venir s'agenouiller sur le tombeau des saints apôtres, et de visiter les catacombes et les sanctuaires consacrés par la piété des chrétiens et le sang des martyrs. Sa foi et sa charité redoublèrent d'ardeur, et il se sentit entraîné vers l'apostolat par une force nouvelle inconnue, jusqu'à ce jour.

Or, « il arriva que dans un entretien confidentiel « avec un cardinal, qui jouissait à Rome d'une haute « réputation de sagesse et de vertu, il lui ouvrit son « cœur, en lui disant qu'il songeait à tout quitter « pour prêcher Jésus-Christ çà et là, dans un état de

---

Réginald et Manassès arrivèrent à Rome au commencement de 1218, c'est-à-dire vers le mois d'avril, d'après le *style* gallican de l'époque.

(1) La Sacrée Congrégation a ratifié, en 1867, son *culte public* dans les diocèses de Carcassonne et de Nîmes.

4

« pauvreté volontaire. — Voilà justement, lui répon-
« dit alors le cardinal, qu'un Ordre vient de s'éle-
« ver, qui a pour but d'unir la pratique de la pau-
« vreté avec l'office de la prédication. Le maître de
« ce nouvel Ordre est en ce moment dans la ville, où
« il ne cesse de prêcher lui-même la parole de Dieu.
« Ayant ouï cela, Réginald s'empressa de chercher
« le Bienheureux Dominique (2). »

Celui-ci était revenu à Rome, vers la fin de l'année précédente, après la dispersion de ses Frères,
et n'en était plus sorti. Il habitait le couvent de
Saint-Sixte qu'Honorius III venait de lui donner,
avec ses compagnons, dont le nombre croissait
chaque jour. Ses prédications incessantes dans
diverses églises, son enseignement dans le palais du
Pape, où il expliquait les Epîtres de Saint Paul,
ses vertus et ses miracles lui avaient attiré une
immense popularité. On le vénérait comme un
apôtre et un docteur, comme un thaumaturge et un
prophète. Quand il avait prêché, la foule se pressait
sur ses pas, et chacun s'estimait heureux d'empor-
ter un lambeau de ses vêtements pour en faire des
reliques, si bien que *sa chape et son scapulaire descendaient à peine jusqu'à ses genoux* (2).

Réginald s'empressa de le voir pour lui révéler le

---

(1) Echard, I, 18. — B. Humbert, *Vie de Saint Dominique*,
n. 27.

(2) Echard, I, 74.

secret de son âme. Il fut séduit par la grâce de ses
discours, et tout ému d'apprendre que sa propre vie
ressemblait beaucoup à la sienne. Comme lui, il
avait été élevé à l'ombre du cloître et du sanctuaire;
comme lui, après avoir passé sa jeunesse dans les
Universités, il avait été mis à la tête d'un Chapitre
de chanoines. « Dans cette position tranquille, il
avait bientôt possédé, lui aussi, l'âme d'un Frère
Prêcheur. Du milieu des offices divins, sous l'influence cachée mais puissante de l'esprit de prière,
— et du sein de son ministère pastoral dans sa collégiale, — il avait senti se développer en lui l'instinct du salut des âmes, et par conséquent l'amour
de la prédication. Mais, en même temps que la vie
apostolique, avec ses mains pleines de trophées,
provoquait son ambition, la considération des périls
qui l'entourent l'avait retenu à distance dans la
crainte. Il rêvait une prédication qui réunît à la
sève, au nerf de la doctrine et à la sauvegarde de
l'obéissance, le cortège de la pauvreté, de la morti-
fication et de toutes les saintes folies de la Croix.
Or, nulle part cet idéal ne lui était apparu, lorsque
Dieu, qui s'était plu à tourmenter et à façonner son
âme par la flamme contenue de ses désirs intimes,
l'avait poussé, en compagnie de son évêque, vers
Rome; Rome, où toute grande vocation aboutit un
jour ou l'autre, pour y rencontrer soit la pensée qui
inspire, soit la bénédiction qui confirme. — Il comprit
alors, admira et adora les desseins de la Providence

qui venait de le conduire *avec force et douceur* au point décisif de sa carrière. — « D'un cœur dilaté par la reconnaissance et l'amour, il se dit à lui-même : Enfin je l'ai trouvé ; l'idéal invisible du prédicateur est devenu visible à mes yeux (1). » — « Je l'ai vu, je l'ai entendu, et cet Ordre de Prêcheurs dont j'ai tant désiré l'institution pour la régénération de l'Eglise, il est établi, il vit, il est approuvé et confirmé par le Souverain Pontife. »

« Réginald résolut dès lors d'entrer sans retard « dans cet Ordre. Mais l'adversité, qui est l'épreuve « de tous les saints projets, ne tarda pas de s'en « prendre au sien. Il fut atteint d'une fièvre violente, « et le mal fit de si rapides progrès qu'il parut « bientôt sans remède ; les médecins, le voyant « déjà aux portes de la mort, désespéraient de le « sauver. L'homme de Dieu, Dominique, ne put se « faire à l'idée de perdre si prématurément un « enfant tant espéré, et se tourna tout entier vers « la prière. De son cœur ému, il poussa des cla- « meurs importunes vers la divine bonté, et vers « la Bienheureuse Vierge Marie, qu'il avait choisie « pour patronne de son Ordre, les adjurant, comme « il le raconta plus tard aux Frères, de ne pas lui « ravir si soudainement la joie de posséder un fils « qui était plutôt conçu que né, et les suppliant,

(1) *Allocution en l'honneur du B. Réginald*, par le T. R. P. Cornier, Provincial de la province de Toulouse.

« avec des instances d'autant plus vives, de le lui
« conserver, au moins pour un peu temps, qu'il
« était plus assuré qu'il serait un jour un vase de
« grâce et d'élection. Pendant qu'il priait ainsi la
« Reine du Ciel, maître Réginald, éveillé et atten-
« dant la mort, la vit clairement s'avancer vers lui,
« accompagnée de deux jeunes filles d'une ravissante
« beauté, — Sainte Cécile et Sainte Catherine, —
« et l'entendit lui dire en souriant : *Demande-moi*
« *ce que tu voudras et je te l'accorderai.* Etonné d'une
« si auguste apparition, il délibérait en lui-même
« sur ce qu'il devait demander, quand une des
« jeunes filles qui accompagnaient la Sainte Vierge
« lui suggéra de ne rien demander, et de s'en re-
« mettre entièrement à la volonté de la Reine de
« miséricorde. Alors celle-ci, étendant sa main,
« lui fit une onction sur les yeux, les oreilles,
« les narines, la bouche, les reins et les pieds,
« avec l'huile que Sainte Cécile avait apportée,
« en prononçant des paroles appropriées à chaque
« onction. Nous ne connaissons que les paroles
« relatives à l'onction des reins et des pieds. Elle
« disait donc en touchant les reins : *Que tes reins*
« *soient ceints du Cordon de la chasteté,* et en tou-
« chant les pieds : *J'oins tes pieds pour la prédication*
« *de l'Evangile de paix.* Prenant ensuite des mains
« de Sainte Catherine l'habit des Frères Prêcheurs,
« elle le lui montra en disant : *Voici l'habit de ton*
« *Ordre,* et disparut à ses yeux. Réginald se trouva

« aussitôt guéri, oint qu'il avait été par la Mère
« de Celui qui a le secret de toutes les onctions de
« salut.

   « Saint Dominique avait appris de Dieu, pendant
« qu'il était en prières, tout ce qui s'était passé à
« l'égard de Réginald. Le lendemain matin, quand
« il vint le voir et qu'il lui eut demandé familière-
« ment de ses nouvelles, celui-ci lui répondit qu'il
« n'avait aucun mal, et lui raconta sa vision. Tous
« deux en rendirent ensemble, et bien dévote-
« ment, comme je le pense, des actions de grâces
« au Sauveur qui guérit ceux qu'il frappe, et
« panse les plaies de ceux qu'il blesse. Les méde-
« cins admirèrent une guérison si subite et si
« inattendue, ne sachant pas quel remède avait
« guéri celui dont la vie leur avait semblé perdue
« sans retour. — Trois jours après, la même vision
« et la même onction miraculeuses se renouvelèrent,
« par une faveur du Ciel, en présence de Domi-
« nique et d'un religieux de l'Ordre des Hospitaliers
« qui en fut émerveillé. Cette onction céleste ne
« guérit pas seulement le corps de Maître Réginald
« des tourments de la fièvre, elle éteignit en lui
« les ardeurs de la concupiscence ; dans la suite il
« n'en éprouva aucune atteinte, comme lui-même en
« fit l'aveu (1).

  (1) « .....Si le paganisme, remarque le P. Senault, p. 25, a
cru que les mains de ses fausses divinités répandaient la beauté sur

« Le serviteur de Dieu, Dominique, raconta sou-
« vent cette vision et ce prodige — surtout après la
« mort de Réginald — devant plusieurs Frères,
« dont quelques-uns sont encore vivants (1). »

Cette vision, si célèbre dans nos annales, soulève
une question importante qu'il nous est impossible
de passer sous silence. Nous voulons parler du
changement introduit dans l'habit de l'Ordre dont
elle aurait été la cause et le principe, selon plusieurs
historiens (2). D'après eux, la Très Sainte Vierge,
en apparaissant au Bienheureux Réginald, ne lui
montra pas l'habit de l'Ordre, tel que le portaient
alors Saint Dominique et ses disciples, mais bien tel
qu'ils devaient le porter désormais, c'est-à-dire, en
remplaçant le surplis ou rochet par le scapulaire.

Selon d'autres historiens (3) non moins pieux et
érudits que les premiers, la Sainte Vierge apparut
à Réginald, en lui présentant l'habit de l'Ordre,
alors nouveau et peu connu, tel que le portait Saint
Dominique, et en lui disant : *Voici l'habit de ton
Ordre,* afin de l'affermir dans sa résolution et de
l'engager à le revêtir sans retard. Nous adoptons
cette opinion, et nous allons la justifier.

---

le visage des personnes qu'elles touchaient, quelles vertus répandirent en l'âme de Renault celles de la Mère du vrai Dieu?... »

(1) Constantin d'Orviète, le B. Humbert, dans Echard, *loc. cit.*

(2) Mamachi, p. 430 449.

(3) Echard, *loc. cit.*, I. p. 71, 77. — *Mémoires sur la Canonicité
de l'Institut de saint Dominique :* Béziers, MDCCL. — Le P. Frédé-

« ..... Il n'est pas question d'examiner ici la vérité de cette apparition privilégiée que les premiers disciples de Saint Dominique rapportent unanimement, et encore moins de contester cette distinction à un Ordre qui se glorifie avec justice d'avoir reçu d'autres marques non moins glorieuses de la protection de la Reine des Saints. Il s'agit seulement de discuter ce qu'en ont rapporté les historiens les mieux instruits, c'est-à-dire ceux qui, ayant vécu avec le Bienheureux Renaud, pouvaient aisément savoir de sa propre bouche toutes les circonstances d'un fait si merveilleux. Or leur témoignage, bien loin de donner quelque fondement à l'idée que des écrivains postérieurs se sont formée, paraît prouver directement le contraire. Voici d'abord comment s'en explique, après le Bienheureux Jourdain (1), le Père Etienne de Bourbon, reçu et déjà distingué dans l'Ordre des Frères Prêcheurs avant l'an 1223 : « *On lit*, dit-il, *dans la vie de Saint Dominique que Renaud.... se trouvant très dangereusement malade, et abandonné des médecins, eut recours à la Sainte Vierge envers laquelle il avait une dévotion singulière ; qu'alors cette Mère de miséricorde, accompagnée de deux autres Vierges, dont l'une portait un espèce de baume, et l'autre*

ric de Poggio, auteur des *Annales MMSS du couvent de Saint-Romain de Lucques*, vol. 1, chap. xxxvii.

(1) Dans Echard, *loc. cit.*, n. 34.

l'habit de l'Ordre des Frères Prêcheurs, lui appa-
rut, et après l'avoir guéri par des onctions qu'elle
fit sur ses membres, lui montra cet habit, l'avertis-
sant de le recevoir au plus tôt ; car, ajoute-t-il, *l'Or-*
dre des Frères Prêcheurs était encore peu connu et
nouvellement établi (1). »

« Voit-on dans les termes de cet auteur contemporain quelque chose qui indique un changement à faire dans les vêtements des religieux de
Saint Dominique? Le Bienheureux Renaud y est-il
averti d'intimer à ce saint patriarche l'obligation
qui venait de lui être imposée de quitter son premier habit et de substituer le scapulaire au rochet?
Il y est dit, au contraire, que l'habit qui fut désigné
dans cette vision était celui des Frères Prêcheurs,
celui par lequel le Bienheureux Renaud devait les
distinguer, celui par conséquent qu'ils portaient
déjà, et qui ne lui fut alors montré que parce que
ces nouveaux religieux étaient encore peu connus:
Habitum ordinis Prædicatorum, qui ordo novus erat
et incognitus.

« En vain nous répondrait-on que le silence de
cet écrivain sur le changement d'habit de l'Ordre de
Saint-Dominique n'empêche point la vérité des circonstances que les historiens postérieurs nous ont
apprises sur ce fait si surprenant; car, outre que

_____

(1) *Lib. de Dono Pietatis,* p. 11, tit. 6, cap. 16. Cod. *Sorbonn.,*
ol. 229.

l'oubli ne saurait être commun à tous les auteurs du
même temps, on remarque que ceux (1) qui écrivirent
quelques années après la vie de leur saint fondateur, pour suppléer à ce qui pouvait avoir été in-
considérément omis dans les écrits précédents, ne
nous en disent pas davantage, quoique, selon la
remarque du Père Echard (I, p. 72), ils eussent entrepris de prouver que leur Ordre, dans son institution et dans ses progrès, n'avait cessé de ressentir
les effets les plus signalés de la protection de la Mère
de Dieu (2). »

Quel était donc alors l'habit de l'Ordre? Quel
était le vêtement porté par Saint Dominique et ses
disciples? Le scapulaire en faisait-il partie?

C'était celui-là même que Saint Dominique avait
reçu au Chapitre d'Osma. Il consistait en une robe
de couleur blanche serrée par une ceinture de cuir
et recouverte d'un surplis ou rochet, ainsi que
d'une chape de couleur noire, à laquelle était uni
un capuce de même couleur (3).

Quant au scapulaire, il était loin d'être un vêtement nouveau, inconnu et inusité. Depuis longtemps

---

(1) Gérard de Frachet, *De Vit. Frat.*, pars I, cap. 1 et 6; Thomas de Catimpré, *Lib. de Apibus*, etc., etc.

(2) *Mémoires sur la Canonicité*, etc., p. 54-57.

(3) D'après Mabillon, la couleur noire et la *coule* distinguaient
les moines, tandis que la *chape*, ainsi que la couleur blanche, déjà
adoptée par les anciens clercs, distinguaient les chanoines réguliers. — *Mémoires sur la Canonicité*, etc., p. 60 et suiv.

les moines s'en servaient pour sauvegarder la modestie et la propreté dans les travaux agricoles et domestiques. Plusieurs congrégations de chanoines réguliers l'avaient adopté dans le même but, parce que, à l'exemple des moines, elles s'étaient fait une loi du travail des mains. C'est ainsi qu'Honorius III l'avait prescrit à celle du Val-des-Écoliers, dans sa bulle d'institution (1217) (1). Les Prémontrés et certains chapitres de cathédrales le portaient même déjà comme un habit propre et ordinaire. Les Bollandistes croient que Saint Dominique l'avait reçu en entrant dans le Chapitre d'Osma (2).

Ainsi, le scapulaire était connu et usité parmi les

(1) *Scapularia deferant laborantes.* — Une autre raison très simple et très naturelle donna naissance au scapulaire et en développa l'usage de plus en plus. On sait assez que le chapeau et le bonnet carré n'étaient pas encore connus, et qu'à la place de l'un ou de l'autre, tous, moines et laïques, clercs séculiers et réguliers, couvraient ordinairement leur tête d'un chaperon ou capuce. Ce fut ce qui donna naissance au *scapulaire*, c'est-à-dire à cette double bande d'étoffe qu'on attachait au capuce par devant et par derrière, afin de le fixer sur les épaules, et de le prendre ou de le quitter plus aisément. Dans la langue usuelle, on employait indifféremment les mots *capuce* et *scapulaire* pour désigner à la fois l'un et l'autre. — *Mémoires sur*, etc., p. 62 et *passim*.

(2) *Acta SS. Jun.*, I, p. 861. — J.-B. Signio s'exprime ainsi dans son savant traité de l'*Ordre canonical*, p. 121 :.« *Plusieurs anciens chanoines portaient le scapulaire, comme on le raconte de Saint Dominique, qui, ayant quitté le rochet, retint toutes les autres parties de son premier habit...* » — Nous avons déjà raconté d'après Thierry d'Apolda, que, pendant que Saint Dominique prêchait à Rome, avant l'arrivée de Réginald, le peuple romain manifestait sa

moines et les chanoines réguliers. Saint Dominique
le portait comme tant d'autres ; mais il n'était pas
encore ce qu'il est aujourd'hui, ce qu'il devint plus
tard. C'est pour cela, sans doute, que le grand
patriarche a été représenté quelquefois sans ce
vêtement, de même que les premiers Frères Prêcheurs (1). Dans la dernière moitié du XIIIᵉ siècle,
l'usage du scapulaire se généralisa et s'ennoblit,
après la célèbre apparition de la T. S. Vierge au
B. Simon Stock. Il ne fut plus seulement un vêtement de propreté et de modestie, il fut désormais
un vêtement de piété et d'honneur. On le regarda
comme une sainte livrée des serviteurs et des enfants de Marie, et plusieurs Ordres, le nôtre en particulier, l'adoptèrent pour l'habit essentiel et dis-
tinctif. (*Protestativum suæ professionis.*)

Nous croyons donc que la vision du Bienheureux
Réginald n'entraîna aucun changement dans l'habit
de l'Ordre. En effet, Galvaneus Flamma, parlant
du séjour de Saint Dominique à Milan, en 1217 et

---

dévotion en coupant des morceaux de sa chape et de son *capuce*, si
bien qu'ils descendaient à peine jusqu'aux genoux. Or, ce *capuce*,
descendant à peine jusqu'aux genoux, signifie évidemment le scapulaire qui lui était uni et qu'on désignait sous le même nom.

(1) *Annales du couvent de Saint-Romain de Lucques, loc. cit.* Le
savant annaliste, qui corrobore en tous points la thèse d'Echard,
parle d'un tableau de ce genre, et ajoute, mais à tort, croyons-
nous, que le scapulaire n'apparaît pas davantage dans l'image de
Saint Dominique et le tombeau de Durand de Mende, reproduits par
Mamachi, p. 234 et 450.

1219, c'est-à-dire avant et après la vision du Bienheureux Réginald, se sert des mêmes expressions, et dit que les chanoines de Saint-Nazaire le *reçurent honorablement et l'accueillirent comme un des leurs, parce qu'ils portaient eux-mêmes l'habit des chanoines réguliers* (1). Nous croyons encore que le scapulaire, porté dès l'origine, ne fut point substitué au surplis, et que celui-ci fut simplement abandonné plus tard par esprit d'humilité et de pauvreté, pour se conformer aux exemples de Saint Dominique, et peut-être aux ordinations du premier chapitre général célébré à Bologne en 1220. Ecoutons les déclarations de deux témoins oculaires entendus, sous la foi du serment, dans le procès-verbal dressé pour la canonisation du saint patriarche, douze ans après sa mort.

Le septième témoin, Frère Etienne, provincial de Lombardie, déclare qu'*il a connu Saint Dominique il y a quinze ans et plus ;* il ajoute qu'*il l'a vu très souvent porter un vêtement très vil, et un court scapulaire, qu'il ne voulait pas couvrir de sa chape, même en présence des grands personnages* (2) : déclaration, remarque le Père Frédéric de Poggio, qui perd singulièrement de sa valeur, s'il est vrai que la Sainte Vierge a donné le scapulaire à l'Ordre entier dans la personne de Réginald.

---

(1) Mamachi, p. 433.
(2) Mamachi, Append., p. 123, nos 1, 4.

La déposition du cinquième témoin est beaucoup plus catégorique. Frère Jean d'Espagne affirme *qu'à la prochaine fête de Saint Augustin il y aura dix-huit ans qu'il a reçu l'habit des mains de Dominique, et fait profession le même jour dans l'église de Saint-Romain, à Toulouse.* Il ajoute aussitôt : *Au temps où les Frères Prêcheurs* avaient des possessions, *voyageaient avec de l'argent* et portaient des surplis, *Frère Dominique s'appliqua et réussit à leur faire pratiquer une pauvreté plus rigoureuse* (1) : preuve évidente que si l'Ordre cessa de porter le surplis, ce fut par esprit de pauvreté, et non à cause de la vision de Réginald.

Plusieurs nous reprocheront peut-être de faire évanouir, en soutenant cette opinion, le parfum céleste qui semble s'exhaler de notre habit. A ceux-là, nous répondrons simplement que, si la légende a ses charmes, l'histoire a ses droits, et que nous avons voulu les respecter, afin de rester fidèle à la belle et fière devise de nos Pères :

---

(1) Mamachi, Append., p. 114, nos 1, 2. — L'usage du surplis, rerdu dispendieux par les fréquents et longs voyages des Pères, fut bientôt réservé, comme chez les Prémontrés, pour l'office du chœur (*Item habemus superpelliceas pro acolithis* xiv, *et Camiscias* (rochets) xxxvii. — Registres de 'a Sacristie, an. 1263. — *Annales du Couvent de Saint-Romain de Lucques,* MS.), et plus tard, exclusivement pour le ministère de l'autel. Du temps du B. Humbert, on quittait ordinairement le scapulaire pour revêtir le surplis. (Echard, I, p. 74 ; Mamachi, p. 445 et 454, note.)

Veritas. A tous, nous dirons en terminant, avec
Echard (I, p. 75): « ... Pourrions-nous porter un
« habit plus honorable que celui que porta Saint
« Dominique pendant plus de dix ans en combat-
« tant contre les hérétiques; qu'il consacra par
« tant de sueurs apostoliques; que le Ciel illustra
« par tant de visions? C'est dans cet habit
« qu'Innocent III le vit soutenir sur ses épaules
« l'église de Saint-Jean-de-Latran, ce qui lui fit
« préjuger que ses enfants soutiendraient un jour,
« sous les mêmes livrées, l'Eglise universelle.
« C'est dans cet habit que pendant qu'il séjournait
« à Rome (1216) pour obtenir la confirmation de
« l'Ordre, la Sainte Vierge le présenta avec Saint
« François à son divin Fils, afin de désarmer son
« bras irrité contre le monde, l'assurant qu'ils tra-
« vailleraient tous deux avec zèle au salut des
« âmes; si cet habit avait déplu à la Reine des
« Cieux, c'est alors qu'elle aurait recommandé à
« notre patriarche de le changer. Enfin, c'est dans
« ce même habit que pendant qu'il priait, après
« la confirmation de son Ordre, Saint Pierre et
« Saint Paul lui apparurent pour lui remettre, l'un
« un livre, l'autre un bâton, en lui disant: *Va et*
« *prêche, car tu es choisi de Dieu pour ce minis-*
« *tère;* et aussitôt il vit ses enfants, vêtus comme
« lui, dispersés dans l'univers et s'avançant deux à
« deux pour évangéliser les peuples. Il regarda cette
« vision comme un avertissement et une prophétie

« célestes, et à peine de retour à Toulouse, il dispersa
« ses compagnons, malgré leur petit nombre, dans
« les divers pays de l'Europe : or, si l'habit fut
« changé, la prophétie manqua de vérité. Par une
« faveur, suprême, la Sainte Vierge voulut montrer
« combien cet habit lui était cher, et lorsque Régi-
« nald, qui l'aimait tendrement, lui demanda de
« connaître sa volonté, elle ordonna de l'apporter
« du Ciel, et le pressa de le revêtir en entrant
« dans l'Ordre des Prêcheurs. Telles sont, s'il en
« possède quelques-unes, les gloires véritables de
« l'habit dominicain ; et ceux qui prétendent qu'il
« fut changé plus tard, ne nous en parent pas, ils
« nous en dépouillent. »

CHAPITRE V

Vestition et profession de Réginald au couvent de Saint-Sixte. —
Son pèlerinage à Jérusalem. — De retour à Rome, il est envoyé,
comme *vicaire* de Saint Dominique, à Bologne. Merveilleux succès
de sa prédication. — Origines et progrès du couvent de Saint-
Nicolas. — Légendes. — Saint Dominique à Bologne. — La
B. Diane d'Andalo. — Frère Réginald est envoyé à Paris.

(Août 1218 ; — Octobre 1219.)

Réginald, miraculeusement guéri par la Très
Sainte Vierge, approuvé et encouragé dans son des-

sein par son ami, l'évêque Manassès, revêtit sans
retard, à Saint-Sixte, l'habit des Frères Prêcheurs
et fit profession entre les mains de Saint Dominique.
Celui-ci lui permit d'achever son pèlerinage en
compagnie de Manassès, et peu de jours après ils
partirent ensemble pour Jérusalem .

Les pèlerinages aux Lieux Saints remontent aux
premiers temps du christianisme, et n'ont jamais
été entièrement interrompus. Lorsque Constantin
et sa pieuse mère les eurent purifiés des profana-
tions du paganisme, les chrétiens s'y rendirent en
foule (1). Saint Jérôme pouvait écrire à Marcella,
en 380, *qu'il les y voyait accourir de toutes les parties de l'univers, et qu'on chantait les louanges du
Christ en toutes les langues sur son tombeau.* Les
croisades ranimèrent cet élan, et au XIIIe siècle,
tout chrétien s'estimait heureux de pouvoir visiter,
au moins une fois dans sa vie, les lieux consacrés
par les principaux mystères de sa foi. « Frère Régi-
« nald et Manassès visitèrent, à la suite de tant
« de pèlerins, tous ceux que Jésus-Christ avait
« honorés de sa présence ; ils répandirent des larmes
« où il avait répandu son sang ; ils pratiquèrent des
« vertus où il avait opéré des miracles ; ils assistè-
« rent des pauvres où il avait guéri des malades, et

---

(1) Les érudits rapportent à l'an 333 l'*Itinerarium a Burdigala
Hierusalem usque*, qui servait de guide à tous les pèlerins de la
Gaule.

« repassant par leur mémoire tout ce qu'il avait
« fait pour la gloire de son Père et pour le salut
« des hommes, ils pensaient voir les mystères qu'ils
« méditaient, et vivant avec des barbares, ils
« croyaient converser avec les Apôtres (1). »

En suivant pas à pas, l'Evangile à la main, la
vie de Notre-Seigneur, Réginald n'oublia point
qu'il précédait tous ses Frères dans la Terre-Sainte,
et qu'il y portait le premier l'habit de l'Ordre. Leur
souvenir fut toujours présent à son cœur, et à chaque station, songeant aux Prêcheurs de tous les
temps et de tous les pays, il pria Dieu pour eux et
pour lui-même, l'adjurant de les rendre de vrais
disciples de la croix et de vrais *pêcheurs d'hommes*,
de leur faire la grâce de s'immoler sans réserve au
salut des âmes, et de couronner souvent leur apostolat par le martyre.

De retour à Rome, les deux amis durent se séparer : l'évêque Manassès pour rentrer dans son diocèse, l'ancien doyen de Saint-Aignan pour aller
partout où il serait envoyé. Dominique, pressé
de visiter les couvents de Bologne, de Toulouse et
de Madrid, était parti au commencement de l'au-
tomne. Les religieux de Saint-Sixte racontèrent à
Réginald les prodiges qu'il avait accomplis pendant son absence, et le Prieur lui transmit les

(1) P. Senault, p. 30.

ordres qu'il avait laissés à son départ : Frère Réginald était institué son *vicaire* et devait se rendre
immédiatement à Bologne. Son humilité et sa
modestie s'alarmèrent devant une charge qu'il ne
croyait pas pouvoir remplir dignement. Il l'accepta
par obéissance, et la sagesse qu'il y déploya prouva
bientôt que Saint Dominique n'avait pu faire un
meilleur choix.

Comme Paris et Rome, comme Toulouse et Madrid, Bologne avait fixé, dès la première heure, le
regard de Dominique. Quelques jours après Pâques
de cette même année (1218), il avait envoyé une
colonie de religieux dans cette ville, dont l'Université, sans rivale dans l'enseignement de la jurispru-
dence, attirait la jeunesse de toutes les nations de
l'Europe. Leur Prieur, homme vénérable par son
grand âge et sa sainte vie, s'appelait Frère Richard (1).

Accueillis d'abord avec une profonde indifférence,
ils obtinrent des Bénédictins de pouvoir célébrer
l'office dans leur église de Saint-Procule. Peu
après, des religieux espagnols, chanoines réguliers
de Ronceveaux, les reçurent dans leur hospice et
mirent à leur disposition leur église, appelée Sainte-
Marie-de-Mascarella (2). Cependant leur situation

---

(1) Echard, I, p. 18. N.
(2) Melloni, *Memorie degli nomini illustri. etc.*, t. V, p. 142 et
suiv.

n'en resta pas moins précaire, et ils continuèrent à vivre dans une extrême pénurie. Le découragement allait s'emparer de leur âme quand ils furent visités par Dominique, qui se dirigeait vers l'Espagne, comme nous venons de le dire. Le saint patriarche, voulant relever leur courage abattu et raviver leur foi refroidie, renouvela devant eux le miracle qu'il avait opéré à Saint-Sixte. Un jour qu'ils se trouvaient au réfectoire pour prendre leur repas, sans avoir le pain suffisant, il se mit en prières, et tout à coup deux anges apparurent sous la forme de deux adolescents, et déposèrent sur la table où il priait deux pains d'une merveilleuse beauté. Dominique exhorta ses enfants à ne plus se défier de la Providence, et en leur faisant ses adieux, il leur annonça l'arrivée prochaine d'un Frère dont la science et la sainteté ne tarderaient pas à ébranler en leur faveur les cœurs des Bolonais (1).

Frère Réginald arriva à Bologne le 21 décembre suivant. Tout rempli de l'esprit de sa nouvelle vocation, tout ému des faveurs qu'il avait reçues du Ciel, tout palpitant des souvenirs de Rome et de Jérusalem, « il se donna entièrement à « la prédication. Ses discours étaient brûlants, et sa « parole, pareille à une torche ardente, embrasait « tellement les cœurs qu'il ne s'en trouvait pas « d'assez dur pour se dérober à sa flamme. Bologne

Voir le Document VII.

« entière — Bologne la savante (1) — était dans
« l'effervescence, comme à l'apparition d'un autre
« Elie. En ces jours Réginald donna l'habit à plu-
« sieurs disciples, et leur nombre alla croissant de
« plus en plus (2). » Les docteurs de l'Université en
vinrent jusqu'à redouter de l'entendre non moins
que les étudiants, de peur d'être séduits par son éloquence. Nous laisserons l'antiquité raconter la con-
version mémorable de l'un d'entre eux :

« Lorsque Frère Réginald, de sainte mémoire,
« prêchait à Bologne et attirait à l'Ordre des clercs
« et des docteurs renommés, maître Monéta de
« Crémone, alors professeur de philosophie et fa-
« meux dans toute la Lombardie, voyant de si
« nombreuses conversions, se prit à s'effrayer pour
« lui-même. C'est pourquoi il évitait avec soin
« Frère Réginald, et détournait tous ses élèves de
« ses sermons par sa parole et son exemple. Or, le
« jour de la fête de Saint Etienne, ceux-ci voulu-
« rent l'entraîner au sermon. Comme il ne pouvait
« s'empêcher de s'y rendre. soit à cause d'eux, soit
« pour d'autres motifs, il leur dit : *Allons d'abord
« entendre la messe à Saint-Procule.* Ils y allèrent et
« entendirent non pas une messe, mais trois:
« Monéta cherchait à gagner du temps. Cependant
« ses élèves le pressaient ; il finit par leur dire :

(1) *Bononia docet,* devise de cette ville.
(2) Jourdain de Saxe, *Vit. S. Domn.* n. 35. *apud* Echard, I. p. 18.

5.

« *Allons maintenant au sermon.* Lorsqu'ils arrivè-
« rent à l'église, Réginald prêchait encore, et la
« foule était si grande que Monéta ne put entrer.
« Il se tint sur le seuil. A peine eut-il prêté l'oreille
« qu'il fut vaincu. — Je vois les cieux ouverts,
« s'écriait l'orateur ; oui, ils sont ouverts en ce mo-
« ment à quiconque veut y entrer ; les portes sont
« ouvertes à quiconque veut les franchir. Qu'ils
« regardent, les indifférents, et qu'ils craignent de
« voir Dieu fermer les cieux pour jamais à ceux qui
« lui ferment leurs cœurs, leurs bouches et leurs
« mains. O mes bien-aimés, que tardez-vous
« encore ? Les cieux sont ouverts. — Dès que Régi-
« nald fut descendu de chaire, Monéta, profondé-
« ment touché par ses paroles, alla le trouver, lui
« exposa son état et ses affaires, et fit vœu d'obéis-
« sance entre ses mains. Mais comme beaucoup
« d'empêchements lui ôtaient sa liberté, il resta
« encore dans le monde pendant plus d'une année,
« avec l'habit séculier, du consentement de Frère
« Réginald. Ce ne fut pas en vain. Car, de même
« qu'auparavant il avait détourné tout le monde de
« ses prédications, de même il travailla désormais
« de toutes ses forces à lui amener des auditeurs et
« des disciples. Tantôt c'était l'un, tantôt c'était
« l'autre, et chaque fois il semblait prendre l'habit
« avec celui qui le prenait. Il serait difficile de
« raconter ses progrès dans la sainteté quand il
« l'eut revêtu lui-même, ainsi que les fruits admi-

« rables de sa parole, de sa science et de ses con-
« troverses avec les hérétiques (1). »

Réginald fit d'autres conquêtes non moins pré-
cieuses, notamment celle de Frère Clair Sextius,
maître ès arts et en droit canon, depuis provincial
de la province romaine, pénitencier et chapelain du
pape, et celles de Frère Paul de Venise et de Frère
Frugère, qui, d'après leur propre témoignage, prirent
l'habit et firent profession dans le carême de l'année
suivante (1219). Ce dernier déclara en outre qu'ayant
obtenu de Maître Réginald la permission de visiter
sa famille, il trouva à son retour, vers les premiers
jours de septembre, les Frères installés au couvent de
Saint-Nicolas et jouissant de la présence de Saint
Dominique (2). Voici ce qui s'était passé :

Le couvent de Sainte-Marie-de-Mascarella ne
suffisait plus aux Frères. Réginald songea d'abord à

----

(1) Gérard de Frachet, *Vit. Frat. P.*, IV, cap. x. — Dans sa dernière maladie, Saint Dominique lui emprunta sa robe et se coucha
dans son lit. « Les Académiciens de Rome, les lettrés et les savants
« accouraient à Bologne pour le voir et pour l'entendre. Son grand
« amour pour l'étude et sa tendre dévotion, qui lui arrachait
« souvent des larmes, lui firent perdre la vue à la fin de ses jours.
« Comme un autre Didyme, ce savant catéchiste d'Alexandrie qui,
« en perdant la lumière du corps, n'avait rien perdu de la lumière
« de l'âme, il fut longtemps aveugle, et n'en resta pas moins le
« flambeau de son Ordre, par la sainteté de sa vie, par sa sagesse
« dans les conseils et sa patience dans les épreuves, jusqu'à l'heure
« de sa mort qui fut très précieuse devant Dieu. » (Echard, I,
p. 123.)

(2) Mamachi, p. 507, note 2.

l'agrandir, mais il dut y renoncer, devant l'opposition qu'il rencontra chez les propriétaires des maisons
voisines. Il exposa la situation au cardinal Ugolin,
alors légat du pape et très dévoué à l'Ordre, et par
son entremise il obtint bientôt de l'évêque de
Bologne l'église de Saint-Nicolas-des-Vignes, située
près des fossés de la ville et entourée de vignobles.
Dieu lui-même avait révélé par des prodiges la
haute prédestination de ce lieu. D'après Frère Jean
de Bologne, des cultivateurs y avaient souvent
aperçu des feux et des lumières, ce qui leur avait
semblé d'un heureux augure. Un autre Bolonais,
Frère Clair, racontait que dans son enfance son père
lui avait dit, un jour qu'ils passaient ensemble près
de Saint-Nicolas : — Mon fils, on a souvent entendu
dans ce lieu la voix des anges ; ce qui est un grand
présage pour l'avenir. — Je lui fis observer, ajou-
tait-il, que c'était peut-être la voix de quelques mu-
siciens ou celle des moines voisins de Saint-Procule
qui chantaient l'office, et mon père, excellent chrétien, me répondit : — Mon fils, autre est la voix des
hommes, autre est la voix des anges, et on ne saurait les confondre : — paroles qui ne se sont jamais
effacées de ma mémoire.

L'église de Saint-Nicolas avait pour chapelain un
prêtre nommé Radulphe. « Cet homme, bon et crai-
« gnant Dieu, se déclara prêt, non seulement à ré-
« signer son titre, mais à se donner lui-même à
« l'Ordre, Devenu [Frère Prêcheur, il se plaisait à

« faire le récit suivant : Avant l'arrivée des Frères
« à Bologne, il y avait une pauvre femme méprisée
« des hommes, mais estimée de Dieu, qui se met-
« tait souvent à genoux et priait, le visage tourné
« vers une vigne où notre couvent fut plus tard
« établi. Lorsqu'on se moquait d'elle, et qu'on la
« traitait de folle, elle répondait : O malheureux
« êtes-vous, et bien plus insensés que moi! Si vous
« saviez quels hommes habiteront ici, et quelles
« choses s'y accompliront, vous vous prosterneriez
« vous-mêmes en adoration devant Dieu, car le monde
« entier sera illuminé par ses habitants (1). »

Il ne restait plus qu'à faire l'acquisition des terrains adjacents qui appartenaient à Pierre de Lovello
et à son fils Andalò. Cette famille, une des plus
riches et des plus puissantes de Bologne, jouissait en
outre du droit de patronage sur l'église de Saint-Nicolas. Elle repoussa pendant longtemps toutes les
propositions; mais les Frères Prêcheurs comptaient
déjà dans son sein une protectrice qui devait triom-
pher de ses résistances.

C'était la jeune Diane d'Andalò, déjà connue moins
encore par l'éclat de sa naissance et de sa beauté,
que par l'élévation de son esprit, le charme de sa
parole et l'héroïsme de ses vertus. En entrant dans
son adolescence, elle avait pris goût aux plaisirs du
monde ; mais lorsque le Bienheureux Réginald vint à

---

(1) Gérard de Frachet, loc. cit., p. 1, cap. 7, 8 et 10.

Bologne, subjuguée aussitôt, comme la ville entière,
par sa sainteté et son éloquence, elle ne songea
plus qu'à se consacrer à Jésus-Christ. « Attirée par
« le Saint-Esprit, dit un chroniqueur contemporain,
« elle se prit à mépriser les vanités et les pompes du
« siècle, et à rechercher de plus en plus l'amitié et
« les entretiens spirituels des Frères Prêcheurs. »
Diane prit en main leur cause, la plaida chaleureuse-
ment auprès de sa famille, et le 14 mars de la même
année, Pierre de Lovello, en l'absence de son fils
Andalò, alors préteur à Gênes, *vendit à Maître Ré-*
ginald, stipulant au nom des Frères, les terrains
adjacents à l'église de Saint-Nicolas, et lui céda tout
droit de patronage sur ladite église (1). On se mit
à l'œuvre ; le chapelain lui-même, devenu Frère
Radulphe, dirigea les travaux, et ils furent poussés
avec une telle activité que les Frères purent s'ins-
taller deux mois après dans leur couvent. La jeune
Diane l'avait vu s'élever avec une joie indicible
non loin de sa propre maison ; dès lors ses vertus
s'épanouirent à l'ombre de son cloître.

Cependant « l'épreuve, qui est le sceau de toutes
« les œuvres de Dieu, ne tarda pas à visiter le
« couvent de Saint-Nicolas. Quand l'Ordre des Frères
« Prêcheurs, dit Gérard de Frachet (p. 1, chap. 4),
« n'était encore qu'un *jeune plant et un petit*

_____

(1) L'acte a été publié par Mamachi, Append., n. CLVI. Col.
369.

« *troupeau*, il s'éleva parmi les Frères de Bologne
« une tentation si violente qu'ils en furent tous
« abattus. Plusieurs se prirent à délibérer ensemble
« sur le choix de l'Ordre qu'ils voulaient embrasser,
« persuadés que le leur, encore si jeune et si faible,
« ne pourrait pas se soutenir longtemps. Déjà deux
« des plus considérables avaient obtenu du légat
« apostolique, le cardinal Ugolin, d'entrer dans un
« monastère de Cîteaux. Ils présentèrent leurs lettres
« à Frère Réginald, autrefois doyen de Saint-Aignan
« d'Orléans, et alors vicaire de Saint Dominique.
« Celui-ci ayant exposé l'affaire en chapitre avec
« une grande douleur, tous éclatèrent en sanglots,
« et le trouble dont nous avons parlé ne fit que
« s'accroître. Pendant qu'il priait les yeux au Ciel,
« parlant du fond du cœur à Dieu en qui était
« toute sa confiance, Frère Clair, distingué par sa
« science et ses vertus, se leva pour exhorter ses
« Frères, et s'efforça de les rassurer par d'excellentes
« raisons. A peine achevait-il son discours, qu'on
« vit entrer Maître Roland de Crémone, célèbre
« docteur de l'Université, savant physicien, et le
« premier des Frères qui ait enseigné la théologie
« à Paris. — La veille, il s'était fait distinguer dans
« une fête par un précieux habit d'écarlate et
« avait passé tout le jour avec des amis, dans
« les jeux, les festins et les plaisirs. Le soir, revenu
« à lui-même et touché de Dieu : Où est maintenant
« cette fête, se dit-il intérieurement ? où est le

« bonheur que nous avons goûté? Il comprit que
« les joies de ce monde passent vite, et se changent
« en deuil et en tristesse. (*Id.*, p. 4, chap. 7.) —
« Transporté par l'esprit de Dieu , il vint donc
« seul le lendemain à Saint-Nicolas, et sans donner
« aucune explication, comme un homme plongé
« dans l'ivresse, il demanda d'être admis dans
« l'Ordre. A cette vue, Réginald, hors de lui-même,
« n'attend pas qu'on apporte un habit, et ôte le
« sien pour l'en revêtir. Le sacristain sonne la
« cloche, le chantre entonne le *Veni Creator*, et pen-
« dant que les Frères le chantent avec des voix
« étouffées par la joie et les larmes, une foule
« d'hommes, de femmes, d'étudiants accourt au
« couvent ; la ville entière s'émeut, la dévotion
« envers les Frères se ranime, toute tentation s'éva-
« nouit, et les deux religieux qui avaient résolu de
« quitter l'Ordre se précipitent au milieu du chapi-
« tre, en s'écriant qu'ils avaient mal agi, qu'ils re-
« nonçaient à leurs lettres apostoliques, et qu'ils
« juraient de persévérer jusqu'à la mort.

« Le jour suivant, le Seigneur consola par une
« vision Frère Radulphe qui avait été profondément
« affligé de l'abattement de ses Frères. Jésus-Christ
« lui apparut, ayant à sa droite la Sainte Vierge et
« à sa gauche Saint Nicolas. Celui-ci posant sa main
« sur sa tête : Frère, lui dit-il, ne crains rien ; tout
« va bien pour toi et pour ton Ordre, car Notre
« Dame prendra soin de vous. A ces mots il aperçut,

« au milieu de la rivière qui traverse Bologne, un
« vaisseau rempli d'une multitude de Frères, et
« Saint Nicolas lui dit encore : Tu vois tous ces reli-
« gieux ; ne crains rien, ne crains rien, te dis-je, ce
« sont autant de Frères Prêcheurs, qui se répan-
« dront un jour dans le monde entier. »

Cette vision prophétique se réalisa bientôt, et le
couvent de Saint-Nicolas ne tarda pas à devenir
une pépinière de saints, d'apôtres et de docteurs.
« Peu après sa fondation, un étudiant bolonais,
« très instruit, mais très mondain, fut converti de
« la manière suivante. Il lui sembla qu'il était sur-
« pris, dans la campagne, par un violent orage. Il
« courut se réfugier dans une maison, et trouvant la
« porte fermée, il frappa et demanda l'hospitalité.
« L'hôtesse lui répondit : — Je suis la Justice ; c'est
« ici ma maison, et parce que tu n'es pas juste, tu
« n'y entreras point. Attristé, il alla frapper à une
« autre porte. — Je suis la Vérité, lui répondit l'hô-
« tesse, et je ne te recevrai pas, parce que la Vérité
« ne délivre que ceux qui l'aiment. Ayant frappé à
« une troisième porte, on lui répondit : — Je suis la
« Paix ; il n'y a pas de paix pour l'impie, mais seu-
« lement pour les hommes de bonne volonté. Cepen-
« dant, comme mes pensées sont des pensées de
« paix et non d'affliction, je te donnerai un bon
« conseil. Près de moi habite ma sœur qui a tou-
« jours pitié des malheureux. Va la trouver, et fais
« ce qu'elle te dira. — Il se dirigea vers la maison

« indiquée, et la Miséricorde, c'était le nom de
« l'hôtesse, allant à sa rencontre, lui dit : — Si tu
« veux être préservé de l'orage et sauvé d'une tem-
« pête imminente, cours à Saint-Nicolas, où habi-
« tent les Frères Prêcheurs. Tu y trouveras l'étable
« de la Pénitence, la crèche de la Chasteté, l'herbe
« de la Doctrine, l'âne de la Simplicité, le bœuf de
« la Discrétion, Marie qui t'éclairera, Joseph qui te
« dirigera et Jésus qui te sauvera. — A son réveil,
« le jeune étudiant médita dévotement sur sa vision,
« et s'empressa de suivre les conseils de la Miséri-
« corde (1). »

« Frère Tancrède a raconté lui-même que, se
« trouvant à Bologne en qualité de chevalier de
« l'empereur Frédéric II, il se prit à considérer les
« dangers de son état, et conjura la Très Sainte
« Vierge de veiller à son salut éternel. Marie lui ap-
« parut en songe et lui dit : Entre dans mon
« Ordre. Il s'éveilla et s'endormit de nouveau,
« après lui avoir adressé une fervente prière. Il
« vit alors deux hommes, vêtus de l'habit des
« Frères Prêcheurs. — Tu demandes à la Très
« Sainte Vierge, lui dit l'un d'eux, vieillard véné-
« rable, de te diriger dans la voie du salut : viens à
« nous, et tu seras sauvé. — Le matin, à son ré-
« veil, Tancrède, qui ne connaissait pas encore cet
« Ordre, crut que c'était une illusion. Il se leva et

(1) Gérard de Frachet, *loc. cit.*, p. 1, cap. III.

« pria son hôte de le conduire à une église pour y
« entendre la messe. Celui-ci le conduisit à l'église
« de Saint-Nicolas, dont les Frères venaient de
« prendre possession. A peine entré dans le cloître,
« il vit venir à lui deux Frères, dont l'un était le
« Prieur, Frère Richard. Il le reconnut sur-le-
« champ pour le vieillard qu'il avait vu en songe.
« Ayant donc réglé ses affaires, il entra dans
« l'Ordre (1). » — Peu après, il fut envoyé à Rome,
où l'histoire le retrouve Prieur à Saint-Sixte et à
Sainte-Sabine.

Dirigés et soutenus par Maître Réginald (2), les
Frères de Saint-Nicolas faisaient leurs plus chères
délices des pratiques de la vie religieuse. Ils priaient
sans cesse, chantaient les louanges du Seigneur,
prêchaient au peuple, entendaient les confessions,
et s'excitaient mutuellement à aimer Dieu et à le
faire aimer des fidèles, par leur piété, leurs jeûnes,
leur sagesse et leurs vertus.

Le silence, *ce père des Prédicateurs*, était observé
avec la plus scrupuleuse exactitude. « Un soir, après
« complies, le démon saisit par derrière un Frère
« qui était prosterné devant un autel, et le traîna

(1) Gérard de Frachet, *loc. cit.*, p. 4, cap. XIV.
(2) Barthélemy de Trente dit, après avoir raconté la vision du
B. Réginald à Rome : « Hunc postea vidi et audivi Christo multos
attrahentem. Totus enim æstuabat in zelo animarum. » (*Liber Epilo-
gorum in gesta sanctorum. Ex. Cod. 2061. Bibliot. Barberini.*) Ces
paroles prouvent qu'il vint à Bologne en 1219.

« par le pied jusqu'au milieu de l'église. Aux cris
« du malheureux, plus de trente Frères, qui priaient
« çà et là, accoururent en toute hâte, et ne voyant
« pas qui l'entraînait, ils s'efforcèrent, mais en
« vain, de le retenir. Dans leur effroi, ils jetaient
« de l'eau bénite sur lui à pleines mains, sans obte-
« nir plus de succès. Un des plus anciens, ayant
« voulu le saisir, fut également entraîné. Enfin,
« après bien des efforts, on le conduisit devant l'au-
« tel de Saint-Nicolas. A l'arrivée de Maître Régi-
« nald, il confessa un péché mortel qu'il n'avait
« jamais osé avouer, et fut ainsi délivré des mains
« du diable. On peut admirer, à cette occasion,
« avec quelle rigueur le silence était gardé après
« complies, car au milieu d'un tel tumulte, pas une
« parole ne fut entendue (1). »

Les moindres infractions contre la règle, surtout
contre le vœu de pauvreté, étaient sévèrement pu-
nies. « Un Frère convers ayant reçu, sans permis-
« sion, un morceau d'étoffe grossière, Maître Régi-
« nald, de bienheureuse mémoire, ordonna aussitôt
« de préparer des verges, et fit brûler ce drap
« maudit dans le cloître, en présence de tous les
« religieux. Le coupable murmurait au lieu de
« s'humilier et de reconnaître sa faute. Réginald
« dit à ses Frères de le dépouiller, et levant les yeux

---

(1) Gérard de Frachet, *loc. cit.*, p. 4, chap. VII.

« vers le ciel : — O Seigneur Jésus, s'écria-t-il en
« pleurant, ô vous qui avez donné à votre serviteur
« Benoît la puissance de chasser le démon du corps
« d'un de ses moines, par les verges de la disci-
« pline, faites-moi la grâce, je vous prie, de vaincre,
« par le même moyen, la tentation de ce pauvre
« Frère. — Il le frappa ensuite avec tant de force
« que les assistants en furent émus jusqu'aux lar-
« mes. — Père, lui dit alors le coupable, je vous
« rends grâces, car vous avez vraiment chassé le
« démon : j'ai senti un serpent sortir de mes reins.
« — Depuis ce jour, il fit des progrès dans la vertu,
« et devint un bon et humble religieux. »

« Un autre Frère tenté de quitter l'Ordre, et
« saisi au moment où il allait s'échapper, fut con-
« duit au chapitre devant Maître Réginald. Il avoua
« sa faute, et celui-ci lui ordonna de se préparer
« à recevoir la discipline. Il commença donc à le
« châtier fortement, et se tournant tantôt vers le
« coupable, il disait en le frappant : — Sors, démon,
« sors de ce corps ; — et tantôt vers les Frères : Priez,
« priez, mes Frères, leur disait-il, — voulant ainsi
« chasser le démon par la double vertu de la péni-
« tence et de la prière. Après avoir été longtemps
« châtié de la sorte, le Frère s'écria : — Père,
« écoutez-moi. — Que dites-vous, mon fils, répondit
« Réginald. — Je vous dis en vérité que le démon
« s'en est allé ; je vous promets de persévérer. —
« A ces mots, tous les Frères se réjouirent en bénis-

« sant Dieu. Quant à lui, il fut fidèle jusqu'à la
« mort (1). »

Les coupables recevaient humblement ces rudes
corrections. C'est que Réginald savait tempérer la
fermeté par la douceur et la sévérité par l'affection.
Ses enfants sentaient bien que, même en punissant,
il restait toujours Père, à la façon de Dieu qui ne
châtie que parce qu'il aime, et volontiers ils bai-
saient la main qui les avait frappés, parce qu'ils y
retrouvaient le cœur qui l'avait dirigée.

L'arrivée de Saint Dominique apporta bientôt de
nouvelles consolations et de nouveaux encouragements aux Frères de Saint-Nicolas. Après avoir
visité les couvents d'Espagne et de France, il fran-
chissait les Alpes, dans l'été de 1219, accompagné
de Guillaume de Montferrat et d'un Frère convers,
et se dirigeait vers Bologne, à travers les riches
plaines de la Lombardie. Il s'arrêta, en passant, à
Bergame et à Milan où il fut reçu de nouveau avec
honneur par les chanoines réguliers de Saint-
Nazaire. Trois savants jurisconsultes, ébranlés par
ses prédications, lui demandèrent d'entrer dans
l'Ordre. Dominique leur donna l'habit, et se remit
en route avec eux.

En arrivant à Bologne, « il y trouva un nombreux
« collège de Frères, que les soins et le zèle de Régi-
« nald formaient à la discipline du Christ. Ceux-ci

(1) Gérard de Frachet, *loc. cit.*, p. 4, chap. II.

« le reçurent comme un Père, avec joie et respect,
« et il voulut rester quelque temps au milieu d'eux,
« afin de fortifier cette jeune plantation par ses
« conseils et ses exemples (1). » Les Frères l'attendaient avec impatience. Beaucoup ne le connaissaient pas encore, et il leur tardait de voir enfin celui que la divine Providence leur avait donné pour Père et pour Fondateur. La ville et l'Université désiraient l'entendre. Déjà émues par la parole du disciple, elles voulaient savoir ce qu'était la parole du maître. Aussi quand Dominique eut prêché, une grande effervescence s'empara des esprits. Des clercs distingués, de savants docteurs vinrent se jeter à ses pieds pour le prier de les admettre au nombre de ses enfants.

Mais nul n'égala dans l'ardeur de l'attente et dans la joie de la présence la jeune Diane d'Andalò, dont on n'a pas oublié le dévouement pour les Frères Prêcheurs. Elle aspirait maintenant à devenir Sœur Prêcheresse, à l'exemple des Sœurs de Prouille et de Madrid. « Dès que Dominique fut
« arrivé à Bologne, nous dit le chroniqueur déjà cité,
« Diane se prit à l'aimer de tout son cœur et à
« traiter avec lui du salut de son âme. Après quelque
« temps d'épreuve, elle fit profession entre ses
« mains devant l'autel de Saint-Nicolas, en pré-
« sence de Maître Réginald, de Frère Guala de

_____

(1) *Jourdain de Saxe*, dans Echard, *loc. cit.*, I, p. 18, n. 36.

« Brescia, de Frère Radulphe, et de plusieurs
« dames. Entraînées par son exemple, les plus
« nobles familles de la ville se dévouèrent à l'Ordre,
« et confièrent leurs intérêts spirituels aux Frères
« Prêcheurs. Elles entraînèrent à leur tour leurs
« parents et leurs amis, et depuis le couvent de
« Saint-Nicolas fut entouré de la dévotion et de la
« sympathie universelles (1). »

Fidèle à sa maxime, qu'il faut *semer le grain et
non pas l'entasser,* Dominique ne se contenta pas
d'envoyer des prédicateurs dans plusieurs villes du
nord de l'Italie. Le nombre des Frères avait consi-
dérablement augmenté. Il en envoya plusieurs
fonder des couvents à Bergame, à Milan, à Florence,
et même à Barcelone, sur la demande de l'évêque
Bérenger, qui, en passant à Bologne, avait obtenu
du savant jurisconsulte, Raymond de Pennafort,
qu'il le suivrait dans sa ville épiscopale. Enfin, il
voulut achever de fonder l'Ordre en France, et
Frère Réginald, son vicaire, reçut ordre de se
rendre à Paris.

La légende raconte que Dieu voulut alors dévoiler
aux yeux de Réginald l'avenir et les destinées de
son Ordre. « Un jour qu'il priait pour sa conserva-
« tion, il entendit une voix qui répétait trois fois :

---

(1) Voir nos *Lettres du B. Jourdain de Saxe aux Religieuses de
Sainte-Agnès,* et à la *B. Diane d'Andalò, leur fondatrice.* Bauchu,
Lyon, place Bellecour, 6 ; 1865.

« *Dirigimur*. Effrayé, il se remit en prière, et
« demanda au Ciel ce que ce mot signifiait. Il lui
« fut répondu : Tant que l'Ordre sera gouverné
« par des Généraux dont les noms auront pour
« initiales les lettres qui composent ce mot (*Diri-*
« *gimur*), il prospérera et progressera ; mais après,
« il commencera à déchoir. Et en effet, D. signi-
« fiait Dominique, I. Jourdain, R. Raymond, I. Jean
« le Teutonique, G. Humbert appelé de son temps
« Gumbert, I. Jean de Verceil, M. Munio, espa-
« gnol. Ce dernier eut pour successeur *Etienne*, et
« selon l'oracle, l'Ordre cessa de prospérer (1). »

Réginald quitta Bologne vers la fin d'octobre,
« non sans laisser d'amers regrets au cœur de ses
« enfants qu'il avait naguère engendrés au Christ
« par la parole de l'Evangile, et qui pleuraient de
« se voir sitôt séparés du sein de leur mère ché-
« rie (2). »

(1) *Ambroise Tægio*, dans Mamachi, *loc. cit.*, p. 511, n. 3.
(2) *Jourdain de Saxe*, dans Echard, *loc. cit.*, I, p. 19, n. 37.

CHAPITRE VI

Origines et progrès du couvent de Saint-Jacques de Paris. — Arrivée de Réginald. — Lettres apostoliques au Prieur et aux Frères
de Saint-Jacques. — Succès des prédications de Réginald. — Il
reçoit les vœux de Jourdain de Saxe et de son ami Henri de Cologne. — Sa maladie et sa mort. — Il est enseveli dans le monastère de Notre-Dame-des-Champs.

(Novembre 1219 ; — février 1220.)

Le couvent de Saint-Jacques de Paris, vers lequel se dirigeait Maître Réginald, était au Nord,
comme celui de Saint-Romain de Toulouse au Midi,
la pierre angulaire de l'Ordre en France. Nous en
raconterons brièvement les origines et les progrès.

Les sept Frères Prêcheurs envoyés à Paris après
l'assemblée de Prouille, y arrivèrent au mois de
septembre (1217). Ils étaient porteurs de lettres
apostoliques, *qui les autorisaient à publier l'Ordre*,
adressées au chapitre de Notre-Dame (1). Celui-ci
leur fit l'accueil le plus bienveillant et favorisa leur

---

(1) *Jourdain de Saxe*, dans Echard, *loc. cit.*, I, p. 16, n. 30. —
Le P. Mallet ajoute (*Histoire du couvent de Saint-Jacques*, vol. I,
p. 5) que, de son temps, le chapitre gardait ces *lettres dans ses
archives*. — D'après la *Gallia Christiana*, t. VII, Pierre de Nemours,
évêque de Paris, était parti pour l'Égypte avec les croisés.

établissement dans la maison qu'ils louèrent entre l'Hôtel-Dieu et l'évêché. Ce n'était pas sans dessein qu'ils avaient choisi ce lieu. Il y trouvaient réunis sur un seul point : Notre-Dame, qui leur rappelait le sanctuaire de Prouille, et où ils pouvaient vaquer librement à l'office canonial avec le chapitre ; l'Hôtel-Dieu, où ils pouvaient exercer la charité envers les pauvres, les malades et les pèlerins (1) ; les écoles du cloître qu'ils pouvaient fréquenter pour se perfectionner dans les sciences sacrées ; enfin l'évêché qui devait faire appel à leur ministère de Frères Prêcheurs.

Le spectacle de leur pauvreté et de leurs vertus attira bientôt les regards et les cœurs des Parisiens, et leur suscita de brillants disciples parmi les étudiants et les docteurs de l'Université. Un des premiers fut Frère Henri de Marbourg, « saint homme « dont la prédication plaisait beaucoup au clergé et « aux fidèles, et qui a raconté ainsi l'histoire de son « entrée dans l'Ordre. Son oncle, chevalier à Mar- « bourg, l'avait élevé et envoyé ensuite à Paris

(1) En arrivant dans les villes où ils étaient envoyés pour fonder des couvents, nos Pères allaient loger de préférence, à l'exemple de Saint Dominique, dans les hospices pour y recevoir l'hospitalité et y exercer la charité. Quand la piété et les largesses des fidèles leur avaient permis d'élever leurs cloîtres, ils avaient soin de faire bâtir auprès un hospice où ils recevaient les pauvres et les pèlerins. (XIIIe et XIVe siècles.) — Voir le P. Masetti, *Historia Provinciæ romanæ*, vol. I, p. 253.

« pour y étudier la philosophie. Après sa mort, il
« lui apparut et lui dit : — Prends la croix en expia-
« tion de mes fautes, et pars pour la croisade que
« l'on prêche en ce moment. De retour de Jérusa-
« lem, tu trouveras un nouvel Ordre de prédica-
« teurs, et tu te donneras à lui. Tu ne t'effraieras ni
« de leur pauvreté ni de leur petit nombre, car ils
« deviendront un grand peuple et se fortifieront pour
« le salut de beaucoup d'hommes. — Henri se croisa
« en effet, et, de retour à Paris, il y trouva quelques
« Frères, arrivés de Toulouse, qui venaient de s'y
« établir. Il embrassa leur Ordre, et peu après, son
« oncle lui apparut de nouveau, pour le remercier
« de l'avoir ainsi délivré des flammes du Purga-
« toire (1). »

On cite encore, parmi les docteurs, Pierre de
Reims, prédicateur célèbre et professeur d'Ecriture
Sainte, et parmi les clercs, le jeune Guerric de
Metz, « très riche de naissance et d'une rare
« beauté. Un soir, tandis qu'il étudiait à sa fenêtre,
« il entendit chanter en français une romance gra-
« cieuse, dont le refrain disait :

« Le temps s'en va,
« Et je ne travaille pas ;
« Le temps revient,
« Et je ne fais rien.

« Il se mit à réfléchir d'abord sur la douceur du

(1) Gérard de Frachet, *loc. cit.*, p. 4, chap. xiii.

« chant, ensuite sur le sens des paroles, en se
« disant qu'elles s'appliquaient très bien à sa pro-
« pre vie. Il les prit pour un avertissement du Ciel,
« et le lendemain matin, il quitta tout pour entrer
« chez les Frères Prêcheurs, dans la première mai-
« son qu'ils occupèrent à Paris (1). »

Les événements justifiaient de plus en plus les
prédictions de Frère Laurent d'Angleterre. Le conseil de ville, réorganisé par Philippe - Auguste
en 1190, leur céda, moyennant certaines rede-
vances, la maison où il se réunissait, vulgairement
appelée le *Parloir aux Bourgeois*, et située près du
mur d'enceinte. Le seigneur de Hautefeuille leur
donna son château, et Jean de Baraste, chapelain
du roi, doyen de Saint-Quentin et docteur régent
de l'Université, leur accorda la jouissance de la chapelle et de l'hospice de Saint-Jacques. Ces divers
édifices étaient contigus. Les Frères Prêcheurs se
hâtèrent de les disposer pour s'y établir, et le 6 août
de l'année suivante (1218), ils prirent solennellement possession de ce nouveau couvent, qui devait
donner son appellation à tous les Dominicains français (Jacobins) (2).

---

(1) Echard, *loc. cit.*, I, p. 115. — Mamachi, *loc. cit.*, p. 641
et 504.

(2) Mamachi, p. 414; Mallet, p. 6; Echard, I, p. 17, L. —
Ce n'est qu'en 1221 que Jean de Baraste fit une donation défini-
tive, et que l'Université céda tous ses droits sur la chapelle de Saint-
Jacques.

« Plusieurs clercs distingués y reçurent l'habit ;
« on donna aux Frères d'autres biens fonds et plu-
« sieurs revenus , et ils prospérèrent de toutes
« façons, selon que Saint Dominique le leur avait
« annoncé (1). » Ils étaient au nombre de trente
lorsqu'il vint à Paris, au mois de mai 1219. Pendant son rapide séjour, il prêcha plusieurs fois, et
sa parole, toujours féconde, suscita de nouveaux
bienfaiteurs et de nouveaux disciples à son Ordre. Il
y donna l'habit à Guillaume de Montferrat, qu'il
avait connu intimement à Rome, chez le cardinal
Ugolin. Ils avaient eu ensemble de fréquents entretiens spirituels, et ils étaient convenus qu'il se ferait
Frère Prêcheur après avoir étudié pendant deux
ans la théologie à l'Université de Paris, et que tous
deux iraient évangéliser le Nord de l'Europe dès que
l'Ordre serait suffisamment établi (2).

Dominique fit une autre rencontre, plus précieuse
encore, dans la personne d'un jeune bachelier, appelé
Jourdain. Né à Borrentrick, dans le diocèse de Pader-
born, de la noble famille des comtes de Herbers-
tein, il était venu étudier à l'Université. Maître à
son tour, il avait composé de savants ouvrages sur
la grammaire et les mathématiques. Il était alors

(1) Déposition de Fr. Jean d'Espagne : Mamachi, Append., p. 115,
n. 2.

(2) Déposition de Fr. Guillaume de Montferrat : Mamachi,
Append , p. 107.

bachelier en théologie et commentait à l'Université
le livre de l'Apocalypse (1). Non moins pieux que
savant, « il cultivait avec zèle cette vertu qui, au
« témoignage de l'Apôtre, est *utile en toutes choses*.
« Il avait des entrailles de miséricorde pour les
« malheureux et les affligés. Malgré la modicité de
« ses ressources, il ne laissait presque jamais pas-
« ser un pauvre sans l'assister, et chaque jour il
« faisait l'aumône au premier qu'il rencontrait,
« sans attendre d'en être sollicité. Pendant qu'il
« étudiait la théologie, il assistait régulièrement
« aux matines de Notre-Dame. Une nuit de grande
« fête, il se leva avec précipitation, croyant que
« l'office était déjà sonné, et courut en toute hâte,
« vêtu seulement de sa robe, de sa ceinture et de son
« manteau. Il rencontra sur son chemin un pauvre
« qui lui demanda l'aumône, et, n'ayant pas autre
« chose, il lui donna sa ceinture. Arrivé devant
« l'église, il trouva les portes fermées. Il attendit
« quelque temps, et, dès qu'elles furent ouvertes,
« il vint s'agenouiller devant un crucifix. Comme il
« le regardait souvent avec dévotion, il le vit tout à
« coup portant autour de ses reins la ceinture qu'il

(1) D'après les statuts de l'Université, ceux qui étaient séculiers
devaient avoir étudié pendant sept ans la théologie, avant d'enseigner l'Écriture Sainte. Le *bachelier* devait ensuite expliquer deux
livres de la Bible, à son choix, l'un de l'Ancien Testament, l'autre
du Nouveau, avant d'expliquer le *Maître des Sentences*. (Échard,
loc. cit., I, p. 98.)

« venait de donner au pauvre pour l'amour du Cru-
« cifié (1). » Attiré vers Saint Dominique, il éprouva
le besoin de lui ouvrir son cœur ; il voulut se confesser à lui, et ce fut sur son conseil qu'il reçut le
diaconat. Mais il n'embrassa pas encore la vie religieuse. Dieu réservait à Réginald la joie de recevoir
ses vœux et de l'introduire dans l'Ordre, comme
pour le dédommager de sa propre mort, qui devait
être prématurée.

Cette fois encore, la ruche était pleine et la mois-
son abondante. Dominique voulut envoyer de nouveaux essaims et répandre de nouvelles semences.
Déjà l'année précédente, en passant à Toulouse pour
se rendre en Espagne, il avait envoyé Frère Arnaud
prêcher et fonder un couvent à Lyon. A Paris, il
promit à Alexandre II, roi d'Ecosse, venu pour renouveler l'antique alliance avec la France, qu'il
enverrait bientôt des Frères Prêcheurs dans son
royaume ; et à sa voix, Pierre Cellani partit pour
Limoges, Philippe pour Reims, Guerric pour Metz,
où il s'établit d'abord dans sa maison paternelle,
Guillaume pour Poitiers. « Quelques Frères, pau-
« vres et simples, humbles germes d'une riche mois-
« son à venir, furent aussi envoyés à Orléans (2). »
Avant son départ, Dominique dressa, comme il
l'avait fait pour celui de Saint-Romain, le plan des

(1) Gérard de Frachet, *loc. cit.*, p. 3, cap. I, 2, 3.
(2) *Jourdain de Saxe*, dans Echard, I, p. 17, 18, nᵒˢ 32, 33, 34.

cloîtres, des dortoirs et de tous les lieux réguliers
du nouveau couvent. Il promit à ses Frères de faire
sanctionner par le Souverain Pontife les droits
qu'on leur contestait, et leur annonça l'arrivée prochaine de Maître Réginald, dont il raconta la vision
et la guérison miraculeuses, dans une conférence
publique à laquelle Jourdain de Saxe nous dit avoir
assisté lui-même. « En quittant Paris, il emportait
« dans son cœur un amour de prédilection pour le
« couvent de Saint-Jacques ; car l'esprit divin lui
« disait qu'il serait un jour le foyer d'un grand
« nombre de Frères qui illumineraient toute l'Eglise
« par l'éclat de leur doctrine, et la féconderaient
« par la sainteté de leur vie (1). »

Réginald y arriva un mois après son départ de
Bologne. Tous les Frères, et particulièrement leur
abbé (2), le Père Mathieu de France, qui l'avait
connu autrefois à l'Université, l'accueillirent avec
les plus vifs témoignages d'amour et de vénération.
Peu après, ils reçurent plusieurs lettres apostoliques,
obtenues par Saint Dominique, qui avait trouvé le
Souverain Pontife à Viterbe. La première leur accor-
dait l'autorisation si désirée de célébrer publiquement l'office divin dans leur église ; elle leur avait

---

(1) Dubois, *Histor. Ecc. Paris*, vol. 2, p. 263.
(2) Ce fut le premier et dernier *abbé* de l'Ordre. Le chapitre
général de 1220 statua que les Supérieurs-conventuels prendraient
désormais le titre plus modeste de *Prieurs*.

été refusée dès leur installation à Saint-Jacques, ainsi que le droit de sépulture, par le curé de la paroisse Saint-Benoît et le chapitre de Notre-Dame (1). En voici la teneur :

« Honorius, évêque, serviteur des serviteurs de Dieu,

« A nos fils chéris les Frères de l'Ordre des Prê-
« cheurs, salut et bénédiction apostolique. Voulant
« condescendre à vos prières, Nous vous accordons
« par les présentes le pouvoir de célébrer les di-
« vins offices dans l'église que nos fils bien-aimés
« les maîtres de l'Université vous ont concédée à
« Paris.

« Donné à Viterbe, calendes de décembre
« (1er décembre), année quatrième de notre Pontifi-
« cat (2). »

Le Souverain Pontife, apprenant l'opposition faite par le curé de la paroisse et le chapitre de Notre-Dame, nomma une commission chargée de régler ce différenp :

_____

(1) Comme les Frères Prêcheurs n'avaient pas encore obtenu de *priviléges*, la paroisse et le chapitre faisaient valoir justement leurs propres droits.

L'église de Saint-Benoît, dont on voit encore quelques vestiges, derrière le Collége de France (*rue du Cimetière-Saint-Benoît*), était avec celle de Saint-Merry, du Saint-Sépulcre et de Saint-Etienne-des-Grès, une des quatre filles de Notre-Dame. Le chapitre y conférait les canonicats, prébendes et sous-prébendes. (Voir Sauval, *Antiquités de Paris*, t. III.)

(2) Voir le Document VIII.

« Honorius, évêque, serviteur des serviteurs de
« Dieu,

« A nos chers fils les Prieurs de Saint-Denys et
« de Saint-Germain-des-Prés, du diocèse de Paris,
« et au chancelier de l'église de Milan, demeurant
« à Paris, salut et bénédiction apostolique.

« Nous avons jugé à propos d'autoriser nos fils
« bien-aimés le Prieur et les Frères de l'Ordre des
« Prêcheurs, de célébrer les offices divins dans une
« certaine église, élevée en l'honneur de Saint
« Jacques, qu'ils possèdent à Paris. Mais le chapitre
« de cette ville, ainsi qu'on Nous l'a rapporté, a la
« présomption de le leur interdire. Cela ne convient
« pas, surtout en présence du pouvoir accordé par
« le Saint Siége ; et loin de les en empêcher, il de-
« vrait les aider et les favoriser, car s'ils désirent
« célébrer dans leur église, ce n'est pas pour un
« motif d'intérêt temporel, mais uniquement en vue
« d'honorer Dieu. Nous avons donc résolu de le prier
« et de lui signifier expressément, par des lettres
« d'ordination que Nous lui avons adressées, de
« permettre auxdits Prieur et Frères de célébrer
« librement dans leur église, où ils n'ont pu le
« faire jusqu'à ce jour, selon le privilége qu'ils ont
« reçu de Nous. En outre, Nous lui avons recom-
« mandé de favoriser cette plantation nouvelle, qui,
« nous l'espérons, produira des fruits abondants,
« afin qu'elle se développe sous la rosée de sa bien-
« veillance, et qu'il arrive lui-même au comble des

« récompenses éternelles. C'est pourquoi Nous
« vous ordonnons par les présentes lettres aposto-
« liques de régler cette affaire, et de fixer selon
« que vous le jugerez dans votre sagesse, l'indem-
« nité due au chapitre et aux églises voisines, en
« faisant observer rigoureusement, par les censures
« ecclésiastiques, ce que vous aurez décidé. Au cas
« où vous ne pourriez pas coopérer tous ensemble,
« deux d'entre vous suffiront pour remplir ce
« mandat.

    « Donné à Viterbe, le 3 des ides de décembre
« (11 déc.), quatrième année de notre Pontificat (1).»

    Ce différend fut réglé quelques mois après. Les
Frères Prêcheurs surent se résigner, en acceptant
des conditions onéreuses, qui prouvaient du moins
leur désintéressement et leur sagesse (2). Honorius III voulut leur donner un nouveau gage de sa
sollicitude paternelle, afin de les fortifier dans leurs
épreuves et leurs travaux apostoliques, et le lendemain il leur adressa la bulle suivante :

    « Honorius, évêque, serviteur des serviteurs de
« Dieu,

    « A nos bien-aimés fils le Prieur et les Frères
« de l'Ordre des Prêcheurs. La ferveur de votre
« esprit vous a fait rejeter bien loin le fardeau des

----

(1) Voir le Document IX.

(2) Voir le Document X, et l'*Année dominicaine* (janvier 1867,
p. 14 et suiv.).

« biens terrestres, et les pieds chaussés pour la
« prédication de l'Evangile, vous avez entrepris
« de prêcher pour le salut de vos frères, dans
« l'abjection de la pauvreté volontaire, et en vous
« exposant à des fatigues et à des périls sans nom-
« bre. Nous espérons donc que vos travaux produi-
« ront des fruits abondants, et voulant vous affermir
« dans vos saintes résolutions, Nous vous imposons
« de souffrir les privations et les labeurs que vous
« endurerez dans votre saint ministère, pour la sa-
« tisfaction de vos péchés.

« Donné à Viterbe, le 2e jour des ides de dé-
« cembre (12 déc.), quatrième année de notre
« Pontificat (1). »

Ces lettres fortifiantes inspirèrent une nouvelle
ardeur aux Frères Prêcheurs de Saint-Jacques.
L'exemple de Réginald acheva de les enflammer.
Dès son arrivée à Paris, sans tenir compte des
« fatigues d'un grand voyage et d'un apostolat pro_
« longé, il se mit à prêcher Jésus-Christ, et Jésus-
« Christ crucifié, avec un zèle qui ne se lassait
« pas. » Les Parisiens le regardèrent *comme*
un homme tombé du Ciel, tant sa vie angélique
était la mise en œuvre de sa prédication (2). Témoin
de ses austérités, « Mathieu de France, qui l'avait
« connu dans le monde, vivant au sein des honneurs

(1) Voir le Document XI.
(2) Ancien auteur, cités par Malvenda.

7

« et de la délicatesse, lui demanda quelquefois avec
« une sorte d'étonnement s'il ne lui était pas pénible
« d'avoir embrassé une telle vie. — Non, lui répon-
« dit-il toujours avec un visage modestement baissé,
« je crois même que c'est sans aucun mérite de ma
« part, car je m'y suis toujours plu infiniment (1). »
Tous ses Frères l'entouraient de leur admiration et de
leur tendresse, et prenaient confiance, en le voyant,
dans les destinées de leur Ordre : ils se disaient que
si leur patriarche leur était ravi, ils trouveraient un
autre père et un autre maître dans celui-là même
qu'il avait institué son vicaire.

Leur attente devait être trompée. Réginald
était de ces saints *qui fournissent en peu de
temps une longue carrière*. Avant de le ravir à
l'Ordre, Dieu voulut lui donner la consolation d'y
introduire deux disciples dignes de lui : nous voulons parler du jeune bachelier, que nous connaissons
déjà, et de son ami, Henri de Cologne. Nous laisserons Jourdain de Saxe faire le récit de leur vocation commune. Aussi bien, c'est la première et la
plus belle page de l'histoire de l'amitié dans les cloîtres dominicains.

« Frère Réginald, d'heureuse mémoire, étant
« venu à Paris et y prêchant avec force, je fus
« touché de la grâce divine ; je résolus et fis vœu
« intérieurement d'entrer dans son Ordre. Car je

---

(1) Jourdain de Saxe, *apud. Bolland.*, tom. I, Aug. S. Dom., n. 46.

« pensais avoir trouvé un chemin assuré du salut,
« tel que je me l'étais souvent représenté en réflé-
« chissant, et avant de connaître les Frères. Cette
« résolution prise, je commençai à faire tous mes
« efforts pour entraîner avec moi, par un même
« vœu, le compagnon et l'ami de mon cœur, que je
« voyais merveilleusement disposé au ministère de
« la prédication, par tous les dons de la nature et
« de la grâce.

« — Cet ami était Henri, depuis Prieur de Cologne,
« homme que j'aimais dans le Christ, d'une amitié
« que je crois n'avoir jamais donnée aussi entière à
« aucun autre, vrai vase d'honneur et de perfection,
« tel enfin que je ne me souviens pas d'avoir vu en
« cette vie une plus gracieuse créature. Puisqu'il est
« entré en toute hâte dans le repos du Seigneur, il
« ne sera pas inutile de dire quelque chose de ses
« admirables vertus. —

« Frère Henri eut, selon le monde, une nais-
« sance distinguée, et, tout jeune encore, il fut
« nommé chanoine d'Utrecht. Un chanoine de la
« même église, homme de bien et d'une grande
« piété, l'éleva soigneusement, dès ses plus tendres
« années, dans la discipline et la crainte du Sei-
« gneur. Comme ce saint homme triomphait lui-
« même des séductions du monde en crucifiant
« sa chair et en se livrant aux bonnes œuvres, il
« avait formé son âme à la pratique de toutes les
« vertus. Il lui faisait laver les pieds des pauvres,

« fréquenter les églises, et lui inspirait l'horreur du
« vice, le mépris du luxe, l'amour de la chasteté.
« Et lui, doué qu'il était d'une excellente nature, se
« montra docile à ses enseignements et pratiqua
« aisément la vertu. Ainsi, en croissant en âge, il
« croissait en bonnes mœurs, de telle sorte qu'en
« conversant avec lui vous l'eussiez pris pour un
« ange, et vous auriez cru que la vertu lui était
« innée. Dans la suite, il se rendit à Paris et s'ap-
« pliqua à la théologie, car il avait un esprit très
« vif et une raison parfaitement ordonnée. Il vint
« loger dans mon hôtel, et bientôt la cohabitation
« de nos corps engendra dans nos âmes une amitié
« douce et forte.

« Je m'efforçais de lui faire partager ma résolu-
« tion d'être Frère Prêcheur. Lui me refusait, et
« moi je redoublais d'instances. Je fis en sorte qu'il
« allât se confesser à Frère Réginald pour recevoir
« ses conseils. Lorsqu'il fut de retour, il ouvrit le
« prophète Isaïe, comme pour y chercher un pré-
« sage, et ses yeux tombèrent sur ces paroles : *Le*
« *Seigneur m'a donné une langue savante pour être*
« *capable de soutenir, par la parole, celui qui est*
« *tombé. Il m'éveille dès l'aurore ; dès le matin, il me*
« *fait prêter l'oreille à sa voix, afin que je l'écoute*
« *comme celle d'un maître. Le Seigneur mon Dieu*
« *s'est fait entendre : quant à moi, je ne lui résiste*
« *point et ne retourne pas en arrière* (Isaïe, L. 5). Je
« lui montrai que ce passage s'appliquait merveil-

« leusement à sa situation, et que ces paroles sem-
« blaient avoir retenti du haut du ciel pour lui, car
« il était très éloquent. En même temps, je l'exhor-
« tai à soumettre sa jeunesse au joug de l'obéis-
« sance. Après quelques instants, nous remarquâ-
« mes, quelques lignes plus bas, ces autres paroles :
« *Tenons-nous ensemble*, qui semblaient nous avertir
« de ne pas nous séparer, et d'embrasser l'un et
« l'autre ce sublime ministère. — Ce fut par allu-
« sion à cette circonstance que, me trouvant en
« Italie et lui en Allemagne, il m'écrivit un jour :
« *Où est maintenant le : Tenons-nous ensemble; vous*
« *êtes à Bologne, et moi je suis à Cologne.* — Je lui
« disais donc : « Quel mérite plus grand pour nous,
« je vous le demande, quelle plus glorieuse cou-
« ronne que de participer à la pauvreté du Christ
« et de ses Apôtres, en méprisant le monde pour
« son amour? » Sa raison lui fit juger que je disais
« vrai, mais sa volonté, lâche encore et récalci-
« trante, lui persuada le contraire.

« Cette nuit même, il alla entendre Matines dans
« l'église de la Bienheureuse-Vierge et y demeura
« jusqu'à l'aurore, priant et conjurant la Mère de
« Dieu de fléchir sa volonté. Croyant n'avoir rien
« obtenu, parce qu'il sentait encore la dureté
« de son cœur, il se prit à gémir sur lui-même, et
« se disposa à sortir en disant intérieurement :
« — Maintenant, ô Vierge Bienheureuse, je sens
« bien que vous ne m'aimez point, et qu'il n'y a

« pas de place pour moi dans le collége des pauvres
« du Christ. Il parlait ainsi, parce que le désir de
« la pauvreté volontaire pressait vivement son
« cœur, depuis le jour où le Seigneur lui avait
« montré avec quelle assurance elle doit paraître
« devant le Souverain Juge. Dans une vision, il
« s'était trouvé en présence du Christ, entouré de
« la multitude innombrable de ceux qui jugeaient
« avec lui et de ceux qui étaient jugés. Il était parmi
« les derniers, et, sûr de sa conscience, il espérait
« entendre une sentence d'absolution. Tout à coup,
« un de ceux qui siégeaient à côté du Juge, étendant
« sa main vers lui, l'apostropha en ces termes :
« — Toi qui es là, dis-nous, qu'as-tu jamais aban-
« donné pour le Seigneur? — Cette question si
« pressante le terrifia ; il n'avait rien à répondre.
« La vision s'évanouit alors. Cet avertissement du
« Ciel lui faisait désirer d'atteindre enfin le sommet
« de la pauvreté évangélique, mais il n'en avait pas
« le courage. — Il allait sortir de l'église, comme
« je l'ai dit, triste et mécontent de lui-même, quand
« celui qui regarde les humbles renversa les fonde-
« ments de son cœur ; des ruisseaux de larmes cou-
« lèrent bientôt de ses yeux ; son âme s'entr'ouvrit
« et s'épancha devant le Seigneur ; le joug qui l'op-
« primait fut brisé entièrement par la violence de
« ce souffle, et celui du Christ, qu'il trouvait na-
« guère si accablant, adouci maintenant par l'onc-
« tion céleste, lui apparut doux et léger en toutes

« choses. Il se leva, et courant à la hâte chez Maître
« Réginald, il émit son vœu devant lui. Il revint
« ensuite vers moi, et comme je considérais, sur
« son angélique visage, la trace de ses larmes, et
« que je lui demandais d'où il venait, il me répon-
« dit : « *J'ai fait un vœu au Seigneur, et je l'accom-*
« *plirai.* » Nous différâmes cependant notre vesti-
« tion jusqu'au Carême, et, dans l'intervalle, nous
« gagnâmes un de nos compagnons, Frère Léon,
« qui succéda depuis à Frère Henri dans la charge
« de Prieur (1). »

Réginald devait mourir sans donner lui-même, à
ces deux chers disciples, cet habit qu'il avait donné à
tant d'autres. « Il fallait que *ce très pur grain de
froment mourût sur la terre et vécût dans le Ciel* pour
amener *ces deux épis magnifiques* » (2) à leur parfaite maturité.

Depuis le jour où il était devenu Frère Prêcheur,
il s'était livré sans réserve à l'amour de Dieu et au
salut des âmes; moins de deux ans d'un apostolat
dont la continuité égalait l'ardeur, avaient suffi pour
épuiser ses forces. Vers la fin de janvier 1220, il fut
atteint d'une grave maladie. « A l'approche de la
« dernière heure, Frère Mathieu de France vint lui
« demander s'il ne voulait pas permettre qu'on lui

---

(1) Jourdain de Saxe, *apud.* Echard, I, p. 93, 94.
(2) Thierry d'Apolda, parlant de Saint Dominique, *apud. Bolland.,*
tom. 1. Aug., pars. VI, cap. 1.

« donnât l'extrême-onction, afin de le fortifier dans
« la lutte suprême contre le démon et la mort. —
« Je ne crains pas cette lutte, répondit le Bienheu-
« reux Réginald, je l'attends et je la réclame avec
« joie. Il me tarde aussi beaucoup d'aller rejoindre
« la Mère de Miséricorde, en qui j'ai mis toute ma
« confiance. Elle m'a oint à Rome, de ses propres
« mains ; mais de peur que je ne paraisse mépriser
« l'onction de l'Eglise, je désire la recevoir et je la
« demande (1). »

Réginald reçut les derniers sacrements avec les
sentiments de la foi la plus vive et de la plus tendre
piété. Il se fit ensuite coucher sur la cendre, au
milieu de ses Frères (2), et pendant qu'ils priaient
et pleuraient autour de lui, « il s'endormit dans le
« Seigneur et s'élança vers l'opulence et la gloire
« de la maison de Dieu, après avoir été sur la terre
« un amant intrépide de la pauvreté et de l'humi-
« lité. Il fut enseveli dans le monastère de Notre-
« Dame-des-Champs, parce que les Frères n'avaient
« pas encore de sépulture dans leur couvent (3). »
C'était au commencement de février, peut-être même
le jour où l'Eglise célèbre la fête de la Purifica-
tion de la Très Sainte Vierge et celle de la Présentation de Notre-Seigneur au Temple (4).

---

(1) Gérard de Frachet, *loc. cit.*, p. 5, cap. 3.
(2) Mamachi, p. 620, not. 1.
(3) Jourdain de Saxe, *Vit. S. Dom.*, n. 46.
(4) En effet, Gérard de Frachet dit (p. 4, cap. 3) qu'Henri de

« Quelques jours auparavant, un Frère Prêcheur
« avait vu en songe une fontaine limpide qui cessait
« subitement de couler, et deux autres fontaines qui
« jaillissaient aussitôt pour la remplacer. » Jourdain de Saxe, qui raconte cette vision, ajoute
humblement : « Si elle représente quelque chose
« de réel, j'ai trop conscience de ma propre sté-
« rilité pour oser en donner l'interprétation. Je sais
« seulement que Réginald ne reçut à Paris que
« deux postulants à la profession religieuse. Je fus
« le premier, et l'autre fut Henri de Cologne, mon
« ami dans le Christ (1)... »

Cologne accomplit *son vœu peu de jours après l'avoir émis entre
les mains de Réginald*, et Jourdain de Saxe affirme qu'ils prirent
ensemble l'habit le *jour des Cendres*, qui était le 12 février, en 1220.
— Voir Echard, *loc. cit.*, I, p. 90. — Mamachi, p. 618, note 3. —
On voit ainsi que les dates indiquées par plusieurs historiens
(15 février, 10 mars, 18 avril) sont complétement erronées.

(1) Gérard de Frachet, racontant à son tour cette vision que la
modestie de Jourdain de Saxe ne lui permet pas d'interpréter, s'exprime en ces termes (p. 3, cap. 4) : « Un pieux religieux des
« Frères Prêcheurs vit en songe une fontaine très limpide surgir
« tout à coup dans le cloître de Saint-Jacques, et après elle, dans
« le même lieu, il vit une grande rivière qui, serpentant d'abord à
« travers les places de la ville, se répandait ensuite dans toute la
« terre. Elle purifiait, abreuvait, charmait tous les hommes, et gran-
« dissant toujours, elle courait se jeter à la mer. En effet, après la
« mort du B. Réginald, Jourdain de Saxe parut et s'éleva dans
« Paris. Il expliqua d'abord à ses Frères, avec le plus grand succès,
« l'Evangile de Saint Luc ; il prêcha ensuite en deçà des mers
« pendant plus de quinze ans, manifestant J.-C. par sa parole et
« ses exemples ; on croit qu'il reçut dans l'Ordre plus de mille reli-
« gieux. Agréable à Dieu, dévoué aux Prélats et à l'Eglise romaine,

7.

Jourdain de Saxe ajoute encore : « La nuit même
« où l'âme de ce saint homme s'envola vers le Sei-
« gneur, moi qui n'étais pas encore religieux par
« l'habit, bien qu'ayant déjà fait profession entre
« ses mains, je vis en songe les Frères voguer sur
« un vaisseau au milieu de la mer. Tout à coup le
« vaisseau fut submergé, mais les Frères purent
« aborder sains et saufs au rivage. Je pense que ce
« vaisseau était Maître Réginald, car tous les Frères
« le regardaient alors comme leur *guide* et leur *sou-*
« *tien* (1). »

Peu de jours après, « et le jour même où l'Église
« rappelle aux fidèles par l'imposition des cendres
« qu'ils sont sortis de la poussière et qu'ils doivent y
« retourner, nous nous disposâmes à profiter du
« saint temps de la pénitence pour acquitter notre
« vœu. Ceux qui habitaient le même hôtel que nous
« ne connaissaient pas encore notre dessein. L'un
« d'eux, voyant sortir Frère Henri, lui demanda :
« — Où allez-vous, monsieur Henri ? — Je vais, lui

« il exhorta les fidèles et le clergé à faire pénitence, et les pressa
« d'entrer dans le royaume de Dieu. Enfin ce Bienheureux Père
« consomma sa course dans la mer, ainsi que Saint Clément ; il y
« trouva le chemin du Ciel et entra sans retard *dans les puissances*
« *du Seigneur.* »

(1) *Bajulum*, d'après la version adoptée par Echard (I, p. 93,
note A), c'est-à-dire *porte-fardeau, soutien*, et selon la métaphore
de la vision, *rameur : Operis remigem et bajulum, dit Cicéron.* (De
Orat., II, 10, 40.)

« dit-il, à *Béthanie* : réponse qui ne fut pas com-
« prise, mais dont l'événement donna l'explication,
« puisque *Béthanie* signifie en hébreu maison
« d'obéissance. Nous nous rendîmes en effet tous les
« trois au couvent de Saint-Jacques. Au moment où
« les Frères chantaient : *Immutemur habitu* (chan-
« geons d'habit), nous parûmes au milieu d'eux
« d'une manière imprévue, mais non inopportune,
« et dépouillant aussitôt le vieil homme, nous revê-
« times l'homme nouveau, afin que ce que chan-
« taient les Frères se réalisât en nous (1). »

C'est ainsi que les Frères *furent sauvés quand leur
vaisseau fut submergé*, et que le couvent de Saint-
Jacques vit jaillir *deux sources dans ses cloîtres pour
remplacer la fontaine limpide qui avait cessé d'y couler.* C'est ainsi que Réginald, ce *très pur grain de
froment mort sur la terre, mais vivant dans le Ciel, se
renouvela et se multiplia* en donnant à l'Ordre Jourdain de Saxe et Henri de Cologne, ces *deux épis
éblouissants.*

(1) Jourdain de Saxe, *Vit. S. Dom.*, n. 46, 47, 48.

CHAPITRE VII

Du *culte* du Bienheureux Réginald : son authenticité, son antiquité, sa continuité. — Preuves et témoignages.

(1220 - 1872)

Lorsque Réginald eut rendu le dernier soupir, « le
Ciel n'attendit pas que les hommes le vénérassent ;
il prévint leurs respects par des miracles, et les
anges voulurent être les hérauts de celui qui avait
été leur imitateur. Ils répandirent le bruit de sa
mort et de ses vertus par le monde ; les peuples accoururent à son tombeau ; celui qui avait converti
les pécheurs pendant sa vie guérit les malades
après sa mort, et quoique le lieu de sa sépulture fût
le théâtre où Dieu fit paraître avec plus d'éclat la
sainteté de Renault, la réputation s'en étendit jusque
dans l'Italie, et ceux qui l'avaient vu à Bologne y res-
sentirent les effets de son assistance (1). »

Nous avons déjà raconté les visions dont il plut à
Dieu de favoriser deux de ses serviteurs à Paris. A
Bologne, il voulut révéler la gloire dont Réginald
jouissait déjà dans le Ciel. « Frère Raymond de Lau-

_____

(1) P. Senault, p. 81, 82.

« sanne, homme très digne de foi et d'une grande
« piété, a raconté que pendant qu'il était infirmier
« au couvent de Bologne, il différa d'appeler la Com-
« munauté auprès d'un Frère gravement malade et
« s'en alla dormir. Etant venu le visiter après
« matines, pour lui demander comment il se trou-
« vait : — Ah! lui répondit celui-ci, qu'avez-vous
« fait? Si j'avais reçu le saint viatique hier au soir,
« je serais maintenant dans le palais que j'ai vu
« cette nuit, et où habitent *Frère Réginald*, Frère
« Rumbert et d'autres saints religieux morts depuis
« peu de temps. Ils accoururent tous joyeusement
« à ma rencontre, et me firent asseoir au milieu
« d'eux. Pendant que nous nous félicitions ensem-
« ble, Notre-Seigneur entra dans le palais et me
« dit : — Tu dois sortir d'ici parce que tu ne m'as
« pas reçu encore dans le sacrement de mon
« amour. — C'est ce qui me fait croire que si j'avais
« reçu hier au soir le saint viatique, ainsi que je le
« demandais, je serais à présent dans le palais ma-
« gnifique où habitent nos Saints et nos Pères (1). »
Réginald avait été enseveli dans le monastère de

---

(1) Gérard de Frachet, *loc. cit.*, p. 5, cap. 3. — Après avoir
cité ce fait, Mamachi ajoute (p. 620) : *Hoc etiam facto, quæ esset
majorum nostrorum de sempiterna Reginaldi salute sententia, quum
per se res pateat, non est opus pluribus demonstrare.*
Dom Mabillon observe, dans sa *Préface au VIe siècle bénédictin*,
qu'avant le XIIIe siècle l'Eglise avait coutume de donner l'extrême-onction avant le viatique.

Notre-Dame-des-Champs. Ce n'était pas seulement parce que les Frères ne jouissaient pas encore du droit de sépulture dans leur propre couvent; c'était surtout parce qu'il en avait exprimé le vœu en mourant. Et comment s'en étonner?

L'église de Notre-Dame-des-Champs avait été bâtie au commencement du IX⁰ siècle, sur le versant méridional de la montagne Sainte-Geneviève, dans la vaste plaine (campi) où commençait la route romaine qui conduisait à Orléans. Les païens de la vieille Lutèce y ensevelissaient leurs morts, et une tradition, chère à tous les Parisiens et religieusement conservée d'âge en âge, assurait que Saint Denis, leur premier évêque, s'y était souvent réfugié dans un souterrain pendant les persécutions. Il y réunissait ses disciples et son troupeau autour d'un autel où il célébrait les saints mystères, d'une chaire d'où il leur prêchait l'Evangile, et d'une image, peinte, dit-on, par Saint Luc, qui représentait la Très Sainte Vierge tenant l'Enfant Jésus entre ses bras. C'est là que les bourreaux étaient venus le surprendre et le charger de chaînes pour le conduire au martyre. Depuis, les fidèles, pleins de vénération pour ce souterrain, berceau glorieux de leur église, le transformèrent en un sanctuaire qui servit plus tard de crypte à l'église de Notre-Dame-des-Champs. Tous ces souvenirs charmèrent le cœur de Réginald. Il y vint plus d'une fois prier avec ferveur le grand évêque de Paris dont il continuait l'apostolat.

et la Très Sainte Vierge qui avait daigné lui apparaître à Rome pour le guérir et lui indiquer l'Ordre auquel il devait consacrer le reste de ses jours. Aussi, quand il vit approcher sa dernière heure, sachant qu'il ne pouvait pas reposer au milieu de ses Frères et de ses enfants, il désira reposer du moins à l'ombre de ce sanctuaire et sous le regard de Celle *qu'il lui tardait beaucoup d'aller rejoindre dans le Ciel.* C'est ce que disait l'inscription gravée sur son tombeau, dont le Père Mallet (p. 49) nous a conservé la traduction suivante : *Finalement le bon Saint Renaud ordonna sa sépulture cy-devant, auquel lieu son glorieux corps repose, où se font plusieurs beaux miracles et guérit de toutes sortes de fièvres.* Ce tombeau se trouvait dans le petit cimetière du monastère de Notre-Dame, qui appartenait aux Bénédictins (1), du côté septentrional du cloître et de l'église, près d'une image de la Très Sainte Vierge, peinte d'après l'original apporté par Saint Denis (2).

Les Bénédictins de Notre-Dame-des-Champs furent, dès les premiers jours, très bienveillants et

---

(1) Il s'appelait aussi Sainte-Marie-des-Vignes, et relevait de l'abbaye de Marmoutiers.

(2) « ...Sur ce modèle, dit Du Breuil (*Antiquités de Paris,* p. 195), en fut faite une autre dans une petite pierre carrée d'un pied ou environ de diamètre, émaillée et peinte de vives couleurs d'or et d'azur, que l'on voit encore attachée hors l'église Notre-Dame-des-Champs, au côté septentrional, auprès du petit cimetière, et en-

très sympathiques envers les Frères Prêcheurs de Saint-Jacques. Ils s'empressèrent de répondre au vœu du Bienheureux Réginald et l'ensevelirent avec honneur dans leur cloître. Le Souverain Pontife, voulant leur en témoigner *sa joie et sa reconnaissance*, leur adressa, le 26 février, la bulle suivante :

« Honorius, évêque, serviteur des serviteurs de Dieu,

« A nos fils chéris le Prieur et les religieux de Sainte-Marie-des-Vignes, hors la porte de Paris, salut et bénédiction apostoloque. Nous apprenons avec joie et reconnaissance que vous recueillez dans les entrailles de la charité nos chers fils les Frères de l'Ordre des Prêcheurs qui *étudient la sacrée Théologie à Paris*, et que vous les favorisez d'une manière digne d'éloges par les services de votre piété. Nous estimons qu'en cela vous faites une œuvre agréable à Dieu, car si les biens ecclésiastiques sont exclusivement consacrés au Seigneur, on ne saurait en faire une meilleure dispensation qu'en subvenant miséricordieusement à ceux qui, pleins d'ardeur pour le salut des hommes, vont puiser l'eau joyeusement aux sources du Sauveur afin de la répandre sur toutes les places publiques, comme un

---

châssée dans une autre pierre plus grande, en la base de laquelle sont gravés ces vers latins :

> « *Siste, viator, ire, Mariam reverenter honora:*
> *Nam fuit hæc saxo primum depicta minori*
> *Quod medium spectas. At sculptam primitus ædes*
> *Et Basilica tenet, tanto de nomine dicta.* »

rafraîchissement pour les cœurs altérés et un remède salutaire pour les âmes malades. Et afin que vous sachiez pleinement quelle affection sincère Nous portons à ces Frères, Nous vous prions, avertissons et enjoignons par les présentes, de les favoriser ainsi que vous l'avez si bien fait déjà, par respect pour le Siége apostolique et pour Nous ; Nous vous recommandons instamment d'user de bienveillance à leur égard, de telle sorte que vous disposiez de plus en plus Dieu et Nous-même en votre faveur.

« Donné à Viterbe, quatrième jour des kalendes de mars (26 fév.), année quatrième de notre Pontificat (1). »

Après la mort de Réginald, les Parisiens que son éloquence avait attirés tant de fois au pied de la chaire, accoururent en foule à son tombeau. Le bruit de ses vertus, de son onction et de sa guérison miraculeuses s'était répandu peu à peu dans le peuple. Averti par un instinct secret que *ses ossements devaient prophétiser*, il venait lui demander d'être guéri des fièvres du corps et de l'âme, de la maladie et du péché, comme lui-même l'avait été par la Reine des cieux. Sa piété et sa dévotion ne furent pas trompées. Réginald prouva par de nombreux

---

(1) Voir le Document XII. — Le Souverain Pontife envoya le même jour une bulle semblable *aux maîtres et aux clercs de l'Université de Paris*. Remarquons, avec Echard, qu'il appelle les Frères Prêcheurs de Saint-Jacques, *stu'entes in sacra Pagina.*

miracles la puissance de son intercession, et quelques années après sa mort, la foule des pèlerins agenouillés sur son tombeau récitait en son honneur cette antienne et cette prière.

Antienne. — « O Bienheureux Réginald, très
« agréable au grand Roi, chéri de la Reine des
« Anges, qui vous a visité dans votre maladie pour
« vous guérir, par une admirable onction, de toute
« langueur de la fièvre, en vous donnant l'habit
« des Prêcheurs, et en vous délivrant des fièvres
« des péchés ; guérissez les fièvres de nôtre âme
« par les mérites de vos prières, afin qu'admis
« dans l'assemblée des Saints, nous contemplions
« un jour le Roi des Anges. »

Prière. — « Nous vous en prions, Dieu tout-puis-
« sant, faites que nous tous, qui sommes tourmentés
« sans cesse par les fièvres de nos péchés, nous
« jouissions à jamais, par l'intervention du Bien-
« heureux Réginald, votre confesseur, du bienfait
« de la sainteté. Par Jésus-Christ, Notre Sei-
« gneur, etc. (1). »

---

(1) *Antiphona.* « O Beate Reginalde, Summo Regi gratus valde,
« Quem amans Regina Angelorum, Proprium visitans thorum, Ab
« omni febris lang"ore, M ro curavit dulcore, Habitum dans Prædi-
« catorum, Expellens febres peccatorum ; Sana febres nostræ mentis,
« Tuis precum incrementis, Ut cum cœtu superorum Videamus Re-
« gem Angelorum. »

Oratio. — « Concede, quæsumus, omnipotens Deus, ut qui pecca-
« torum nostrorum febribus incessanter affligimur, Beati Reginaldi

Les prodiges s'accrurent avec la confiance des fidèles. Des malades sans nombre, guéris par son intercession, accoururent de toutes parts, et pour satisfaire leur dévotion, il fallut rendre de nouveaux honneurs à son humble tombeau. On l'entoura de peintures murales qui rappelaient les principales scènes de sa vie; on l'exhaussa de six pouces au-dessus du sol (1), et on y grava l'inscription que nous avons rapportée plus haut.

La dévotion des Parisiens se maintint dans toute sa ferveur jusqu'à l'époque des guerres civiles et religieuses, qui déchirèrent Paris et la France dans la dernière moitié du XVIe siècle. Au commencement du siècle suivant, une circonstance particulière vint en empêcher le réveil et l'expansion. Le cardinal de Chevreuse, vaincu par les instances de la duchesse de Longueville, lui céda le Prieuré de Notre-Dame-des-Champs, dont il était abbé commendataire, pour l'établissement en France de la Réforme de Sainte-Thérèse. Le 16 octobre 1604, le premier Carmel français y fut solennellement installé.

Ce n'était pas sans un dessein providentiel que ce

« confessoris tui pio interventu, sanctitatis perpetuo beneficio « gaudeamus. Per Dominum Nostrum Jesum Christum, etc. »

Le P. Mallet dit (p. 50) qu'elles se trouvent à la fin des *Heures de la Vierge*, écrites bientôt après la mort de Réginald.

(1) Echard, 1, p. 90.

lieu avait été choisi de préférence à tout autre. Le
grand cœur de Sainte Thérèse s'était enflammé
d'amour pour la France, en la voyant ravagée par
l'hérésie de Luther et de Calvin. « Il me semblait
disait-elle, que j'aurais donné mille vies pour sauver
une seule âme de celles qui s'y perdaient. » Les
mêmes sentiments animaient ses Filles, et, quand
les premières Mères espagnoles arrivèrent à Paris,
elles se réjouirent beaucoup d'y poser les fondements
de leur Carmel dans un sanctuaire consacré par
tant de souvenirs qui correspondaient si bien à leur
esprit apostolique. Celui du Bienheureux Réginald
y était pieusement conservé, à côté de ceux de
la Très Sainte Vierge et de Saint Denis. Il avait
sa part de prédestination ; car, dit le Père Senault
(p. 80), « s'il est permis de juger des desseins de
« Dieu par les événements, il y a grande apparence
« que sachant bien que cette église devait être
« donnée aux religieuses carmélites, il la voulut
« honorer de ce sacré dépôt, et laisser le corps d'un
« ange à des vierges qui, s'efforçant d'imiter leur
« sainte Mère, vivent comme des anges sur la
« terre. »

Les Carmélites ne l'ignoraient pas. Dès qu'elles
furent établies à Notre-Dame-des-Champs, elles songèrent à raviver le culte de ce Bienheureux, qu'elles
savaient avoir été longtemps populaire parmi les
Parisiens. Des recherches furent faites pour découvrir son corps, mais elles n'aboutirent pas une

première fois, selon l'aveu d'un témoin oculaire,
rapporté par l'auteur de l'*Année dominicaine* (août,
tom. II, p. LXXXII, supplément du mois de mars).

— Voici ce qu'on en a écrit dans le monastère
des Carmélites : « Il y avait contre la muraille de l'é-
« glise, contre le côté où sont aujourd'hui les confes-
« sionnaux et la grande montée du *de profundis*, une
« histoire de ce saint peinte avec quelque écriture,
« quasi vis-à-vis de ladite porte : on y voyait une
« grande tombe de pierre, un peu élevée de terre
« d'environ demi-pied, sous laquelle on disait
« qu'était le corps de ce saint : et cela est la tradition
« commune. Monsieur le cardinal de Bérulle, su-
« périeur des Carmélites, estima qu'il aurait été
« à propos de relever ce corps saint pour le faire
« honorer. Celle qui conduisait l'œuvre s'avisa d'un
« expédient que ce grand homme trouva bon, qui
« fut qu'avant que de publier ce dessein ou faire
« relever la tombe, on reconnaîtrait auparavant
« en grand secret s'il y avait véritablement un corps :
« de sorte qu'un soir sur les huit ou neuf heures,
« n'y ayant personne qu'un ou deux manœuvres
« qu'on y avait retenus, on fit creuser sous la tombe
« sans la remuer, et moi-même (ajoute la conduc-
« trice de l'œuvre) aidais à tirer la terre de dessous,
« et sur la fin Monsieur de Bérulle nous vint trou-
« ver au travail. Nous ne trouvâmes rien du tout, et
« Monsieur de Bérulle fut bien aise que l'on eût
« pratiqué ce conseil. Nous résolûmes de le tenir

« fort secret pour laisser le monde en son opinion,
« à laquelle nous estimâmes qu'il ne fallait point
« nuire, ni ôter la révérence que l'on rendait à
« ce saint religieux. Personne n'en sçavoit rien, et
« les manœuvres mêmes ne sçavoient à quoy ils tra-
« vailloient. C'est pourquoi Monsieur le cardinal de
« Bérulle a pu dire que ce saint corps a été autrefois
« transporté et mis en quelque monastère de son
« Ordre, à cause que cette peinture et cette tombe
« relevée étaient un argument bien apparent qu'il
« y avoit été : ce qui fit dire, ne l'y trouvant plus,
« qu'il avait été transporté : qui est, à mon avis,
« parler bien prudemment, sans en dire davantage.
« Voilà au long tout ce dont il me souvient. »

Il est facile d'expliquer pourquoi ces premières recherches restèrent infructueuses. Les Carmélites
n'avaient pas fait, à l'origine, l'acquisition de toutes
les dépendances de l'ancien prieuré. Elles n'entrèrent en possession de l'image de la Très Sainte
Vierge et du tombeau du Bienheureux Réginald que
vers 1630, un an après la mort du cardinal de Bérulle, quand la nécessité les eut obligées d'agrandir
leur monastère. Nous nous contenterons de citer
leurs *annales* (1) :

« L'image de la Sainte Vierge, que la tradition
« prétend avoir été apportée en France par Saint
« Denis, a été quelque temps en dehors de l'église,

_____

(1) *MS*, p. 48, 50. — Carmel de l'Avenue de Saxe, à Paris.

« ainsi que le marquent les *Antiquités de Paris*. Mais
« les religieuses de ce monastère, ayant été obligées
« d'accroître leur maison, prirent l'augmentation du
« côté septentrional de l'église, dont une partie rentra
« sous leur clôture, et par ce moyen elles se trouvè-
« rent en possession de ce monument respectable. »
La Révérende Mère Madeleine de Saint-Joseph,
alors Prieure, en éprouva une grande joie qu'elle fit
partager à ses Sœurs. Elle l'exprima surtout dans
la dernière allocution qu'elle leur adressa, avant de
sortir de charge (16 mai 1635), et pendant les deux
années qu'elle vécut encore, elle ne cessa pas de témoigner le désir de retrouver le corps et le tombeau
du Bienheureux Réginald. Son souvenir était toujours vivant dans le cœur des Parisiens; la tradition
l'avait fidèlement conservé, mais on ne connaissait
plus le lieu précis où il avait été enseveli. Les ravages du temps et la dévotion des pèlerins, qui étaient
venus s'y agenouiller pendant plus de trois siècles,
avaient fait disparaître l'inscription gravée sur son
tombeau. Il s'agissait de le découvrir et de le reconnaître entre tous les autres. Citons encore les *annales*
des Carmélites (année 1641) :

« Vers ce mesme tems la révérende Mère Made-
« leine de Jésus (1), occupée de remplir autant qui
« luy estoit possible, les desseins de sa Bienheureuse

_____

(1) Elue Prieure le 2 juin 1635, réélue en 1638; remplacée, en
1642. par la Mère Marie de la Passion.

« Mère, et se regardant comme chargée de Dieu
« de les accomplir, luy ayant succédé dans le gou-
« vernement, crut ne devoir rien négliger pour
« trouver le corps du Bienheureux Renault de Saint-
« Gilles, l'un des premiers disciples de Saint Domi-
« nique, qu'elle savoit estre renfermé dans l'enceinte
« de ce monastère, depuis qu'il avoit esté accru de
« quelques arpens de terre...

« Le côté de l'église qui conservoit ce précieux
« dépôt se trouvoit, depuis l'accroissement de la
« maison, dans le cloître des religieuses; on ne
« l'ignoroit pas, mais il s'agissoit de découvrir pré-
« cisément l'endroit où le saint corps avoit esté dé-
« posé. A cet effet, la M. Madeleine de Jésus obtint
« les permissions nécessaires pour faire entrer dans
« l'enclos du monastère quelques personnes du
« quartier pour visiter le sépulchre. Elle choisit
« des gens de bien, et les plus âgés qu'elle put
« trouver tant hommes que femmes, qui avoient
« visité cette église dès leur enfance. Presque tous
« avoient quatre-vingts ans ou plus.

« Cette troupe vénérable fut conduitte au cloître
« du couvent, où ayant aperçu une grande tombe de
« pierre de huit à neuf pieds de long, ils affirmé-
« rent que c'estoit celle qui de toute ancienneté
« avait esté reconnuë pour le tombeau de Saint
« Renault, et sur lequel le peuple venoit faire ses
« dévotions. Ils ajoutérent que les bonnes gens y
« aportoient leur enfans en langueur pour obtenir

« leur guérison ; qu'ils y offroient beaucoup de chan-
« delles et de cierges, et qu'aprés leurs dévotions
« faittes sur ledit tombeau, ils jettoient leurs cierges
« dans une éspéce de puits sec qui estoit auprés,
« qu'il y en avoit une telle quantité que les sacristains
« de cette église en tiroient jusqu'à 500 livres tout
« à la fois, et pour preuve de ce qu'ils avançoient,
« ils firent remarquer qu'un pilier (1) qui estoit vis
« à vis cete tombe, estoit encore couvert de la cire
« qui avoit dégouté dessus, et noirci de la fumée
« des chandelles et cierges qu'on y attachoit. Ils
« assurérent de plus que la dévotion des Parisiens
« envers ce Saint estoit sy grande, que des paroisses
« entiéres venoient en procession visiter son tom-
« beau, et qu'il n'avoit jamais esté possible de les
« arester quoy qu'on leur représentât qu'il n'estoit
« pas permis de rendre ces sortes d'honneurs
« qu'aux Saints que l'Eglise a canonisés.

« La preuve de ce que nos bons vieillards avan-
« çoient, se trouve dans un décret contre cet abus,
« le dit décret subsiste encore, et se garde avec
« d'autres règlemens faits dans le mesme tems par
« le chapitre de Notre-Dame (2).

----

(1) « Il est aujourd'hui caché derrière le lambris de la chapelle. » (Note marginale du Ms.)

(2) Le siége de Paris fut vacant du 4 mai 1568 à 1570. C'est
donc vers 1569 que le chapitre fit le règlement dont il est parlé
ici. — Les archives du chapitre ont été dispersées; celles de l'ar-
chevêché furent brûlées en 1832.

8

« La dévotion du peuple pour ce Bienheureux se
« soutint dans toute sa vigueur jusqu'au tems des
« guerres civiles, et peut êstre mise au nombre des
« traditions qu'il est de la piété des fidèles de rece-
« voir avec respect. Le décret du dit chapitre n'y
« est point contraire, et en réformant l'abus, il sert
« d'une preuve manifeste de la sainteté de ce Bien-
« heureux... Il nous reste à remarquer que les os
« du Saint ayant été reconnus comme il a esté dit,
« furent relevés de terre, posées dans un coffre
« d'argent, et placées dans l'ermitage de Nôtre Dame
« des Anges ou estoit son tombeau, où se voit son
« tableau. Elles ont esté depuis transportées dans
« la chapelle des Saints (1). »

« Après avoir honoré son tombeau, la piété des religieuses carmélites fit dresser un abrégé de sa vie
afin de raviver sa mémoire et son culte dans le cœur
des Parisiens. » Le Père Senault, de l'Oratoire, le pu-
blia en 1645. Dans son épitre dédicatoire aux Révé-
rendes Mères du monastère de l'Incarnation, il leur
disait : « Je penserais offenser la Providence divine
« si je ne vous offrais la vie d'un Saint dont elle
« vous a donné les reliques. Puisque vous conservez
« si précieusement son corps, je m'imagine que
« vous recevrez agréablement son esprit, et que
« vous ne serez pas marries qu'à l'exemple de

(1) « Avec les reliques du monastère, où se voit une statue de
ce Bienheureux. » (Note marginale.)

« votre piété qui a dressé une chapelle (1) à sa
« mémoire dans votre maison, je fasse un panégy-
« rique à sa vertu dans cet ouvrage et que j'emploie
« mes paroles et mes pensées pour faire connaître
« un Saint que la Vierge même a voulu honorer...
« Les faveurs qu'il en a reçues vous obligent à le
« traiter comme un saint domestique et le gage que
« vous avez de son amour me fait espérer que vous
« ne trouverez pas mauvais que, réunissant son
« esprit à son corps, je vous le présente ici tout
« entier...»

La pierre sépulcrale, le reliquaire, la statue et les
tableaux du Bienheureux Réginald ont disparu complétement dans la tourmente révolutionnaire qui
renversa les couvents et les églises à la fin du siècle
dernier. Mais les Carmélites de la *Rue d'Enfer*, toujours fidèles à leurs traditions de famille, n'ont pas
cessé de l'honorer et de l'invoquer comme un saint
domestique (2).

---

(1) Il ajoute (p. 80) : « ...Aussi tiennent-elles bien chèrement
« ce précieux gage, car, outre qu'il est enfermé dans leur cloître,
« dont l'aile droite de leur ancienne église fait maintenant une par-
« tie, elles ont fait dresser une chapelle revêtue d'un lambris dans
« lequel sont enchâssés plusieurs tableaux, qui représentent les
« principales actions de ce Bienheureux serviteur de Jésus-Christ.
« On y voit encore quelques anciennes peintures, où la Vierge
« lui donne l'habit... »

(2) Elles ne possèdent aujourd'hui qu'une minime partie de leur
ancien monastère, dont les constructions ont été changées de fond
en comble en 1856. — La Révérende Mère Prieure, sœur Marie

Le culte de notre Bienheureux n'eut pas seule‑
ment pour foyer le monastère et le Carmel de Notre-
Dame-des-Champs. Le couvent de Saint-Jacques et
tous les cloîtres dominicains étaient autant de cen-
tres, d'où il rayonnait au loin par les exemples, les
prédications et les écrits des Frères Prêcheurs.

Pleins de vénération pour sa mémoire, tous l'invo-
quaient comme un puissant intercesseur auprès de
Dieu, et plusieurs, en prenant l'habit que la Sainte
Vierge lui avait montré, aimaient à recevoir son
nom, afin de placer leur vie nouvelle sous son doux
patronage. Saint Vincent Ferrier célébra souvent le
Saint Sacrifice, dans l'église du couvent de Valence,
devant un tableau où le Bienheureux Réginald figu-
rait à côté de la Sainte Vierge, de Saint Pierre et de

A. de la Présentation, écrivait, le 3 mai 1870, au R. P. Tournel,
Prieur des Dominicains de Paris : « .....Je vous remercie mille et
« mille fois d'avoir eu la bonté de m'envoyer l'*allocution* prononcée
« dans votre chapelle en *l'honneur du B. Réginald :* elle a pour notre
« monastère un double intérêt. Je voudrais pouvoir vous donner
« une bonne réponse aux questions qui m'ont été adressées der-
« nièrement par l'un de vos Pères. Mais je trouve dans nos *Regis-*
« *tres* que, pendant la grande Révolution, quand on vint piller le
« couvent, les reliquaires furent enlevés et les reliques jetées de
« côté. Nos Mères recueillirent toutes celles qui portaient encore
« leurs noms; les autres furent enfouies dans un coin de notre jar-
« din, dont nous ne connaissons pas l'emplacement... »

Dans un inventaire fait en 1793, on trouve mentionné, parmi les
tableaux du *Noviciat, La Mort de Saint Renaud,* école de Cham-
pagne. (*La jeunesse de M*^me *de Longueville,* par Cousin, Append. IV.
Les Carmélites, p. 388.)

Saint Paul, de Saint Pierre, martyr, et de Saint
Augustin (1). Dans ses extases, Sainte Catherine
de Sienne le vit *briller d'une gloire particulière
entre tous les Saints de l'Ordre.* C'est ce qu'affirma
Frère Barthélemy de Sienne, en déposant pour le
procès de sa canonisation (2). « Saint Dominique,
« dit-il, montrait souvent à Catherine les Saints et
« les Bienheureux de son Ordre... Elle en voyait
« un, entre autres, qui brillait d'une gloire particu-
« lière, et qu'elle disait s'appeler *Frère Régi-
« nald.* Elle me demandait à quelle époque il avait
« vécu. Je ne songeai pour le moment qu'au reli-
« gieux de ce nom qui avait été le compagnon et le
« confesseur de Saint Thomas d'Aquin. Catherine
« n'accepta pas ma réponse. Aussi, en y réfléchi -
« sant plus tard, j'ai cru et je crois encore que
« c'était ce Frère Réginald que Saint Dominique
« reçut à Rome, peu de temps après la confirma-
« tion de son Ordre, et dont sa *Légende* raconte plu-
« sieurs choses merveilleuses. »

Les prédicateurs publiaient partout autour d'eux
ses vertus et ses miracles, et popularisaient ainsi sa
dévotion parmi les fidèles (3). Les chroniqueurs et

---

(1) *S. P. N. Vincentii Ferrarii Ord. Præd. opuscula*, a F. Vin-
centio Justiniano Antistio collecta. (Valentiæ, 1591, p. 142.)

(2) *Apud* D. Martène, *Vet. Script.*, t. VI, p. 1331.

(3) Le P. Léonard d'Udine, qui vivait à la fin du XV⁰ siècle, dit
dans son *Panégyrique de Saint Dominique :* « ...Fuit B. Dominicus
tanquam sol ratione illuminationis. Nam duodecim radios maximos

S.

les historiens racontaient sa vie et perpétuaient son souvenir d'âge en âge (1). En parlant de lui, « ils n'écrivent plus avec la froide conscience d'un *témoin* qui constate, mais avec un cœur qui sent et qui aime, et l'on est parfois touché de les voir, trahis par leur piété, suspendre leur récit pour adresser au Bienheureux des invocations (2). »

Fidèle interprète de la piété et des croyances du peuple, l'art voulut les exprimer à son tour et les développer encore. Nous avons déjà raconté ce qu'il avait fait en l'honneur du Bienheureux Réginald dans le monastère et le Carmel de Notre-Dame-des-Champs. Mais ce fut dans les cloîtres dominicains, où il brilla longtemps d'un si vif éclat, qu'il lui rendit les témoignages les plus expressifs et les plus éloquents.

En 1267, Frère Nicolas et Frère Guillaume de Pise élevèrent un splendide mausolée à la gloire de

emisit, qui sunt duodecim genera Fratrum Ordinis sui, scilicet Martyrum... Sextum est Fratrum Devotorum, quorum *primicerius* *fuit Fr. Reginaldus*, quem secuti sunt... Hi *omnes sunt beati et maximis clarent* miraculis. (*Sermones Sanctorum*, Venise, 1692.)

(1) *Cathalogus Sanctorum*, fol. 135 v°. « ...7° *S. Reginaldus*, quondam decanus S. Aniani Aurelianensis, sepultus in ecclesia B. Mariæ de Campis, extra muros civitatis, ubi etiam claret miraculis. » (MS du P. Laurent Pignon, 1482.) — Nous citerons comme très peu connue la *Vie du B. Réginald*, traduite d'espagnol en français par le R. P. Jean-Baptiste, religieux du grand couvent de l'Observance de Saint-François, à Tholosé. (Paris, chez Regnauld Chaudière, rue Saint-Jacques; MDCVIII.)

(2) R. P. Cormier, *Allocution*, etc.

leur saint patriarche, que Bologne reconnaissante avait adopté pour citoyen pendant sa vie et pour patron après sa mort. Sur la partie postérieure de ce monument incomparable, ils sculptèrent les scènes principales des origines de l'Ordre. Le premier compartiment fut consacré à Saint Dominique et le deuxième à Réginald, son fils de prédilection, dont la mémoire était religieusement conservée dans le couvent et dans la ville. On le voit conversant avec son maître et lui promettant, ses mains dans les siennes, d'embrasser son Ordre; puis, subitement atteint de la fièvre et porté entre les bras d'un homme que suit Saint Dominique, attristé de la perte prématurée d'un tel disciple; et enfin, guéri miraculeusement par la Très Sainte Vierge, qui, en présence de Sainte Catherine et de Sainte Cécile, l'oint d'une main, et de l'autre lui présente l'habit des Frères Prêcheurs (1).

La statuaire et la peinture l'ont toujours représenté avec l'auréole des Bienheureux, et souvent avec les *rayons* de la sainteté. Fra Angelico l'a peint sur le gradin magnifique du tableau qui se trouve à Cortone, dans l'église des PP. Jésuites, avec une auréole autour de sa tête et une étoile sur son front (2). A Malaga, dans l'église des Sœurs domi-

---

(1) *Memorie dei più insigni pittori*, etc., etc. R. P. Marchese. lib. II, cap. vi.

(2) Id., id., cap. iv.

nicaines, il est représenté recevant l'habit de l'Ordre, dans un des deux bas-reliefs qui ornent le sanctuaire. A Tolède, dans celle du grand monastère de la Mère-de-Dieu, sa statue s'élève sur un autel avec des rayons de gloire. Le couvent de Dijon possède, depuis 1862, une belle sculpture sur bois du XVe siècle, qui représente la Très Sainte Vierge étendant son royal manteau pour abriter trois Saints de l'Ordre, agenouillés à ses pieds. On reconnaît aisément à côté de Saint Pierre, martyr, le Bienheureux Réginald qui reçoit le scapulaire de ses mains (1). C'était là pour les artistes un sujet de prédilection ; il a été souvent reproduit dans nos cloîtres et nos églises, et notre Bienheureux y occupe toujours une place privilégiée. Nous avons parlé du tableau de Gand dans notre *Introduction*. A Manrèse, Réginald figure dans l'arbre généalogique de notre patriarche, avec les rayons et le titre de *Saint*, tandis que plusieurs autres, dont le culte a été ratifié, n'y sont appelés que *Bienheureux*. A Wesen, dans un tableau du Rosaire où sont groupés les Saints de l'Ordre, il est représenté le premier à gauche, la tête ornée de l'auréole, avec cette inscription : *B. Reginaldus*. On le voit encore dans le dortoir du couvent de Chiéri, en Piémont, dans le

(1) Don de M. le curé d'Auxonne. D'après lui, ce groupe est un souvenir de l'apostolat de Saint Vincent Ferrier, qui prêcha Auxonne en se rendant au Concile de Constance.

cloître du couvent de Foligno, dans les chapitres des Jacobins de Toulouse et de Saint-Sixte-le-Vieux à Rome. De récentes découvertes faites en France, en Portugal, en Italie, prouvent également qu'il avait pris rang dans l'imagerie populaire.

Au commencement du XVIIe siècle, quand les Parisiens ne purent plus visiter son tombeau dans les cloîtres du monastère de Notre-Dame-des-Champs, devenu le premier Carmel de France, les Frères Prêcheurs songèrent à rehausser sa mémoire par un témoignage éclatant de vénération. Le célèbre Père Sébastien Michaelis fit élever, dans la rue Saint-Honoré, un couvent qui devait être le centre de la *Congrégation d'Occitanie*, et voulut qu'il fût placé sous le vocable du Bienheureux Réginald (1), « *lequel était singulièrement estimé dans Paris.* (2) » Le projet d'érection de ce nouveau couvent suscita une violente opposition et fut longtemps suspendu, « jus-« ques à la veille de l'Annonciation, 23 de mars « 1613, où l'œuvre du Seigneur fut approuvée de « ceux qui sont les Pères de la Justice, par un « arrêt contradictoire qui termina pleinement cette

(1) « Ipsa die (8ᵃ sept.) data fuit licentia Patribus Reformatis « Congregationis Occitaniæ ut possint habere in hac civitate Pa-« risiensi domum aut locum *sub titulo Bⁱ Reginaldi.* » (*Ex Registro* Rᵐⁱ *P. Galamini, Magistri Generalis Ordinis. —* Ab anno 1610 ad a. 1620, fol. 96, pro anno 1611.)

(2) Du Saussaye a inscrit son nom au 10 mars, dans son *Marty-rologe Gallican :* Paris. MDCXXXVII.

« affaire. Quelques-uns ayant vu de leurs yeux ce qui
« avait été machiné contre cet établissement, jugè-
« rent que l'arrêt favorable du Parlement était un
« spécial effet de la protection de Notre-Dame, et
« pour ce conseillèrent que la maison fût nommée
« *de l'Annonciation de la Vierge*, pour mémoire
« d'un bienfait si remarquable ; ce qui fut suivi, et
« au lieu de consacrer l'église sous le titre du Bien-
« heureux Renaud, on résolut de la dédier au mys-
« tère de l'Annonciation, comme présentement elle
« est (1). »

Ces preuves et ces témoignages nous permet-
tent d'affirmer hautement la légitimité du culte de
notre Bienheureux, et de croire qu'il peut être pré-
senté avec confiance à la ratification du Saint-Siége;
car il possède toutes les conditions requises pour
obtenir les honneurs de la Béatification *æquipollente* (2) : *l'authenticité*, *l'antiquité*, *la continuité*.

Il est *authentique*. Dès sa mort, Réginald a reçu

(1) *Vie de Saint Dominique*, par le P. Jean-Marie de Rechac,
p. 620-621.

(2) On sait qu'Urbain VIII a réservé les Béatifications et Canoni-
sations au jugement du Siége Apostolique. En fixant les règles et
les procédures qui devaient être suivies désormais, il reconnut à
tout *culte* qui prouverait son existence centenaire, antérieure aux
nouveaux décrets (1634), le droit de se faire *ratifier*. Cette antique
possession lui semblait offrir une garantie suffisante pour conférer
à un serviteur de Dieu un titre *équivalent* à celui de la Béatification
solennelle. De là le nom de Béatification *équivalente* ou *æquipollente*,
per viam cultus.

le titre de *Bienheureux* et de *Saint*. Les fidèles ont
proclamé spontanément ses vertus et sa gloire;
ils ont invoqué son nom, honoré son tombeau, et de
nombreux miracles ont prouvé l'efficacité et la
puissance de son intercession. Leur dévotion s'affirma si bien et si vite, qu'il ne tarda pas à sortir du
rang des Bienheureux ordinaires, pour prendre
place parmi les Saints plus illustres qui, d'après
Benoît XIV, ont reçu de Dieu la *mission de patronner
certaines causes déterminées*. Sa mission propre est
admirablement indiquée dans la prière et l'antienne
rimée qu'on récitait en son honnneur dès le milieu
du XIIIe siècle; il était le *patron des fiévreux de l'âme
et du corps*. Les chroniqueurs et les annalistes de
l'Ordre, ainsi que plusieurs autres historiens, ont
raconté ses mérites et ses vertus pendant sa vie, sa
gloire et ses miracles après sa mort. A l'exemple des
fidèles, ils se sont plu à l'appeler *l'Heureux, le
Bienheureux Réginald, Réginold très saint, de très
sainte mémoire, très pur à cause de sa virginité, orné
de la grâce céleste, fameux en sainteté*. L'art chrétien
lui a rendu les mêmes hommages, en lui réservant
toujours, comme nous l'avons vu, une place de
choix parmi les Saints et les Bienheureux des premiers temps de l'Ordre, à côté de la Très Sainte
Vierge et de Saint Dominique.

Ce culte possède *l'antiquité et la prescription*. Il
remonte au XIIIe siècle, et justifie ainsi d'une existence trois fois centenaire, antérieure aux décrets

d'Urbain VIII. Nous rappellerons ici seulement que le pape Jean XXII ayant offert gracieusement aux Dominicains de canoniser un de leurs Bienheureux, à leur choix, Benoît XIV n'a pas hésité à mentionner Réginald parmi les *Bienheureux les plus illustres par leurs mérites* qu'ils pouvaient présenter au Souverain Pontife (1).

Sa *continuité* et sa *possession* ne nous semblent pas moins incontestables. Les faits les plus authentiques, les témoignages les plus solennels sont autant d'anneaux divers qui forment une chaîne ininterrompue, depuis le XIIIᵉ siècle jusqu'à nos jours. S'il a subi, dans sa longue durée, des alternatives de lumière et d'obscurité, de ferveur et de refroidissement, comme l'Ordre entier et comme l'Eglise elle-même, néanmoins il s'est toujours maintenu dans les cloîtres innombrables des trois Ordres de Saint-Dominique, et n'a jamais été pleinement interrompu, si ce n'est en France, et seulement pendant le règne sanglant de la Terreur, qui fit disparaître toutes les choses saintes et toutes les institutions sacrées. Depuis la restauration des Frères Prêcheurs, il a repris un élan nouveau qui ne fait que s'accroître de jour en jour. Plusieurs d'entre eux portent son nom, qu'ils reçurent avec amour, dans le baptême de leur vie religieuse. Le R. P. Lacordaire, notre Jourdain de

_____

(1) *De Canonizatione Sanctorum,* lib. I, cap. xxı, n. 12. — Leur choix tomba sur le B. Thomas d'Aquin.

Saxe, lui a consacré les pages les plus belles et les
plus émues de sa *Vie de Saint Dominique* (1). Le
R. P. Besson, notre Fra Angelico, lui avait réservé
trois médaillons dans les belles peintures murales
dont il a orné le chapitre de Saint-Sixte-le-Vieux à
Rome, et qui devaient former un poëme complet
en l'honneur de notre saint patriarche (2). Son éloge
a retenti dans l'église même de Saint-Aignan dont
il fut doyen pendant sept années (3), et peu après,
M. l'abbé Baunard a publié sa vie, à Orléans, afin de
rajeunir sa mémoire (4).

Cependant les Frères Prêcheurs de Paris, qui ont
toujours eu à cœur de surpasser tous les autres
dans ce mouvement de dévotion traditionnelle et
domestique, aspiraient à décerner de nouveaux
honneurs à leur cher Bienheureux. Une occasion

(1) Il a dit, il est vrai (p. 415) : « *Le B. Réginald ne jouit nulle
part d'aucun culte, pas même dans l'Ordre des Frères Prêcheurs...* »
— Nous pensons qu'il faut appliquer à ces paroles le principe de
nos constitutions : « *Potius interpretanda quam delenda.* Le R. P.
Lacordaire n'a voulu parler que d'un culte *confirmé par le Saint-
Siége avec concession d'un Office et d'une Messe propres.* Mais le
B. Réginald n'en possède pas moins, ainsi que plusieurs autres
Bienheureux français, un vrai *culte ecclésiastique* pour lequel on
espère obtenir du Saint-Siége cette confirmation et cette conces-
sion, accordées récemment aux *Martyrs d'Avignonnet.*

(2) Son départ pour Mossoul, en 1859, ne lui a pas permis de les
achever. (*Vie du R. P. Besson*, chap. xii, par E. Cartier. Paris,
Poussielgue.)

(3) Discours sur les souvenirs religieux d'Orléans, prononcé dans
l'église de Saint-Aignan, le 20 novembre 1859, par M. *l'abbé Brugère*·

(4) En 1863.

favorable se présenta bientôt. Vers la fin de 1864,
Mgr Darboy se vit obligé de leur retirer l'hospitalité
que Mgr Sibour leur avait si généreusement offerte,
en 1849, dans le couvent des Carmes de la rue Vau-
girard. On acheta l'emplacement de l'ancien collége
de Beauvais, dont la chapelle était seule restée
debout au milieu des ruines. Elle fut restaurée sans
retard, et les constructions du couvent s'élevèrent
rapidement. Son inauguration solennelle eut lieu le
28 avril 1867. Le R. P. Souaillard, heureux de voir
son œuvre achevée, prononça un de ces discours pieux et éloquents dont il a le secret. Après
avoir esquissé à grands traits l'histoire de nos
premiers Pères, il exposa le programme de la mission que les nouveaux Frères Prêcheurs devaient
remplir dans ces lieux, qui s'étaient imposés à son
choix par tant de souvenirs chers et sacrés. Le
nom de Réginald fut prononcé plusieurs fois.
« ... C'était, dit l'orateur, une des gloires de l'Uni-
« versité avant d'être la nôtre, et la postérité lui a
« donné le nom de Bienheureux ; espérons qu'en
« cela elle n'a fait que devancer la décision solen-
« nelle de l'Eglise, et que la *voix du peuple* sera la
« *voix de Dieu*. Un culte spécial était rendu à sa
« mémoire au couvent de Saint-Jacques, nous ne
« ferons que renouer les traditions brisées (1). »

(1) *Le Collége Dormans-Beauvais*, par le R. P. Chapotin,
p. 353 et suiv.

Dès l'année suivante, sa *Légende* fut représentée avec celle du Bienheureux Mannès, dans un des vitraux du sanctuaire. Son nom fut souvent rappelé aux fidèles, et sa dévotion ne tarda pas à faire de rapides progrès. Le 17 février 1870, une cérémonie religieuse eut lieu en son honneur. A l'issue des Complies, le Très Révérend Père Cormier, Provincial de la province de Toulouse, rappela dans une allocution pleine de tact et de piété ce que Réginald avait fait pour l'Ordre et les honneurs qu'il avait reçus dans le passé. En terminant, il exhorta l'assistance à continuer cette tradition de famille (1). Pour favoriser les bonnes résolutions que cette cérémonie avait inspirées à chacun, un tableau, dû au pinceau d'un artiste chrétien (2), fut exposé peu de temps après dans la chapelle, et une lampe allumée devant lui : il représente Réginald guéri à Rome, prêchant à Paris, et faisant hommage à la Très Sainte Vierge de l'habit qu'elle lui avait donné. Depuis ce jour, les fidèles aiment à venir s'agenouiller devant cette lampe et ce tableau pour l'invoquer, en récitant l'*Antienne* et l'*Oraison* que leurs ancêtres récitaient autrefois sur son tombeau.

Enfin, le 19 avril de cette année (1871), le Révérendissime Maître Général de l'Ordre a chargé

---

(1) Cette *allocution* a été publiée à Orléans. (Voir l'*Année dominicaine*, mars 1870, p. 166.)

(2) M. Hubert Rohault de Fleury.

le Très Révérend Père Cormier de recueillir tous les documents nécessaires. Peu de mois après, le Chapitre général des *Définiteurs*, assemblé à Gand, a favorablement accueilli la proposition des Définiteurs français, et se faisant l'écho et l'interprète de tous, a *émis le vœu que la cause du Bienheureux Réginald fût introduite à Rome, afin d'obtenir la confirmation de son culte immémorial.* Nous devons donc redoubler de confiance dans nos vœux et nos prières, et nous pouvons espérer qu'il nous sera donné bientôt de le vénérer publiquement sur nos autels.

C'est dans ce but et avec cet espoir que nous avons écrit cette *Vie*, humble gerbe formée de tous les épis glanés dans nos annales. Nous l'offrons aujourd'hui comme un pieux hommage à celui qui nous a inspiré et que nous avons voulu honorer ; car il est pour l'Ordre entier, après Saint Dominique, son plus glorieux ancêtre, et il doit rester à jamais avec lui le père, le protecteur et le modèle des Dominicains français.

AUTEURS CONSULTÉS

I. — Les chroniqueurs et les historiens de l'Ordre, dont les principaux sont cités par le R. P. Lacordaire, à la fin de la *Vie de Saint Dominique.*

II. — Les historiens de l'Université et de l'Eglise de Paris.

III. — Le P. Melloni, de l'Oratoire : *Memorie degli uomini illustri,* etc. (Bologna, 1788).

Vol. I. *B. Diana d'Andalo.*

Vol. V. *S. Domenico.*

IV. — Le P. Senault, de l'Oratoire: *Vie du Bienheureux Renauld de Saint-Gilles.*

V. — Hubert: *Antiquités historiques de l'église de Saint-Aignan d'Orléans.*

Lemaire: *Antiquités de l'église et diocèse d'Orléans.*

VI. — Annales des Carmélites (*Ms. du Carmel de l'Avenue de Saxe,* à Paris).

VII. — Archives Nationales, *Registres et cartons* L. 240, nᵒˢ 59 et suiv.

DOCUMENTS

I

« La chapelle de Saint-Aignan se trouvait entre les deux portes du cloître Notre-Dame, ayant son entrée du côté du midi, devant un petit cimetière contigu à la grande église. » (Du Breuil, *loc. cit.*, p. 63.)

On lit dans la *Gazette de France* (8 nov. 1867) :

« On montre encore aux curieux qui recherchent les vestiges du vieux Paris dans l'île de la Cité, les colonnes et quelques restes de la chapelle de Saint-Agnan, qui faisait partie des dix-neuf églises ou chapelles avoisinant l'église métropolitaine, et dont il ne subsiste presque aucune trace depuis la fin du siècle dernier. La chapelle Saint-Agnan n'a pas disparu entièrement.

« Au n° 19 de la rue Basse-des-Ursins, cette même rue où l'on peut voir au n° 9 une maison qu'a habitée Racine, il existe un vaste bâtiment se prolongeant jusque vers la rue Chanoinesse, et formant le côté impair de la rue de la Colombe. Ce bâtiment a été construit sur les murs de la chapelle Saint-Agnan. On distingue, à l'entrée, de hautes colonnes, et à gauche, sous un appentis, des colonnes remarquablement sculptées et ornées d'animaux fabuleux, des cintres et naissances de voûtes de forme ogivale. Cette construction est aujourd'hui occupée par une écurie.

« Le monument religieux datait du douzième siècle. Il avait été fondé par Etienne de Garlande, archidiacre de Paris et doyen de Saint-Agnan d'Orléans. Ce qu'il y a de curieux dans la chapelle de Saint-Agnan, c'est l'ancien niveau du pavé qui est, à très peu de chose près, celui du pavé de Notre-Dame; ce pavé est tellement enterré, que la moitié du fût des colonnes est enfoncée sous terre. Le sol entier de la Cité a participé à cet exhaussement des terres, qui, en ce qui concerne Notre-Dame, a fait supprimer plusieurs marches qui donnaient accès au parvis. »

II

Ex tabulario Ecclesiæ Sancti Aniani

(Hubert, *loc. cit.*, *Preuves*, p. 112.)

Reginaldus, Beati Aniani Aurelianensis decanus, et universum ejusdem ecclesiæ Capitulum. U. P. L. I. S. I. D.

Noverit Universitas vestra quod nos amore Dei et pietatis intuitu *Amelinam* quondam filiam Gaufredi Malehue *manumisimus* ipsam a *jugo servitutis* quæ nostræ tenebatur ecclesiæ cum suis hæredibus in perpetuum absolventes ; ita quod in *quarterio* nostri claustri quod *jure feodali* a nostra movet ecclesia, nec ipsa nec hæredes sui aliquid deinceps potuerint reclamare, nisi priori subjici voluerint servituti. Ut hoc autem firmum et stabile perseveret, in hujus rei testimonium præsens chirographum scribi et sigilli nostri charactere fecimus communiri.

Actum in Capitulo nostro, anno ab Incarnatione Domini MCCXII, mense januario, ordinatis in ecclesia nostra majoribus personis, Roberto cantore, Joanne subdecano, Gregorio capicerio, Berterio succentore. Datum per manus Joannis, subdecani nostri.

III

(Hubert, *loc. cit.*, *Preuves*, p. 52.)

Reginaldus, ecclesiæ B. Aniani decanus, universumque ejusdem ecclesiæ Capitulum, omnibus in perpetuum.

Querelas inter nos aliquandiu ventilatas, sicut sunt inferius annotatæ, de prudentum virorum consilio, volente Domino, decidentes determinavimus in hunc modum : Decanus de circata in terra Capituli manentium nihil percipit, etc. Nisi vero *præpositi* summam reddituum infra octavas natalis Domini persolvi fecerint, aut competentem *rationem* quare non solvantur reddiderint, in ipsos divinum officium omittetur, etc. Act. in Cap. nost. ann. ab Inc. D. 1212, mense novemb.

IV

(Hubert, *loc. cit.*, p. 53.)

Reginaldus, B. Añiani decanus et universum ejusdem ecclesiæ Capitulum, omnibus P. L. I. in Domino salutem.

Quoniam fragilis et caduca est humana memoria, nisi litterarum adminiculo sustentatur, præsenti scripto notum facimus universis quod Gilo.de Berdis, quondam subdecanus noster, sex cameras sitas juxta ecclesiam S. Sergii cum viridario ejusdem ecclesiæ appendente, imo et unum arpentum vinearum apud S. Joannem de Broes, intra vineas S. Evurtii constitutum, quæ omnia de rebus quas, adjuvante Domino, in vita sua acquisierat, emerat ad opus servitorum altaris Sancti Georgii, infra nostræ ecclesiæ septa constituti, qui ibidem ob remedium animæ suæ et patrum suorum, divinum officium celebrabunt, ecclesiæ nostræ pia devotione in perpetuum contulit et concessit : eo scilicet tenore, quod Stefanus nepos ipsius, qui in nostra ecclesia præbendam dimidiam est adeptus, hæc omnia quandiu nostræ ecclesiæ canonicus aut dimidius aut integer fuerit et presbyter, possidebit ; si vero in nostra ecclesia ipsum contigerit integrari, in prædicto altari B. Georgii, nihilominus pro remedio animæ prædicti Gilonis, et pro omnium fidelium requie Domino ministrabit.

Eo vero cedente, vel decedente, et ad memorati altaris servitium instituti sacerdotis et beneficii dona-

9.

tio, ad *sacerdotes canonicos* nostræ ecclesiæ devolvatur, qui ibidem divinum celebraturos officium, prout est superius taxatum, ordinabunt. Ut igitur hæc omnia stabilitate gaudeant inconcussa, vel ne futuris temporibus, cujuspiam calumniante malitia, rescindatur, in testimonium hujus rei præsentes litteras scribi et sigilli nostri caractere fecimus communiri. Actum in Capitulo nostro, anno ab *Inc.* Domini 1212, mense novembri.

V

Ex charta monasterii Miciacencis (1)

(Hubert, *loc. cit., Preuves.*)

Ego *Reginaldus*, B. Aniani Aurel. decanus, et universum ejusdem ecclesiæ Capitulum, omnibus P. L. I. N. F. quòd abbas et conventus S. Maximini septem solidos et obolum minus de censu quos apud claustrum nostrum habent, nobis et ecclesiæ nostræ tali modo in perpetuum concesserunt, quod eumdem censum in duplum pro revelationibus annis singulis reddere tenebuntur, et ita tam pro censu illo quam pro revelationibus eumden censum ipsis annis singulis duplicabimus, etc. Actum in Capitulo nostro, anno ab Incarnatione Domini 1216, mense decemb.

(1) De Saint-Maximin ou Saint-Mesmin, dans le Val-de-Micy, près d'Orléans.

VI

(Hubert, *loc. cit.*, *Preuves*, p. 43.)

Reginaldus, B. Aniani Aurel. decanus, et universum ecclesiæ Capitulum, omnibus P. L. I. I. D. S.

Noverit Universitas nostra quod Manasses, ecclesiæ nostræ nutritius, in Albigetum quondam peregre proficiscens, quintam partem domus suæ, quam apud portam Renardi, jure hæreditario, possidebat, ob remedium animæ suæ et parentum suorum, ecclesiæ nostræ in eleemosynam contulit et concessit, etc. Volentes igitur ut hæc stabilitate gaudeant inconcussa, etc.

Actum in Capitulo nostro, anno Dominicæ Inc. 1214, mense novembri, ordinatis in nostra ecclesia majoribus personis, Roberto cantore, Joanne subdecano, Gregorio capicerio, Berterio succentore.

VII

Souvenirs de Saint Dominique à Sainte-Marie de Mascarella.

Ces souvenirs ont été pieusement recueillis et fidèlement conservés par le dernier curé de cette église.

A gauche du portique, on voit sur la muraille un ancien portrait qui représente Saint Dominique avec l'auréole et la barbe. On lit au-dessous l'inscription suivante:

ANNO MCCXVIII

DOMINICUS GUZMANUS PATER,

ROMA HISPANIAM PETENS,

HIS ÆDIBUS SUBSTITIT,

CUBICULUMQUE,

HONORI EJUS A MAJORIBUS CONSECRATUM,

ET INSIGNIA MANENT MIRACULORUM

TANTI HOSPITIS,

CUJUS IMAGINEM

DE VETERI SIGNO

QUOD IN DOMO BIANCONI (A) ASSERVATUR,

EXPRESSAM,

DEVOTI SANCTITATE EJUS,

MEMORIÆ RELIGIONIS CAUSA

DEDICAVIMUS.

NONIS JUNII MDCCCLIII

PARROCHUS FECIT.

Derrière le maître-autel, on voit plusieurs fragments
de la table où Saint Dominique était assis lorsqu'il
opéra le miracle que nous avons rapporté, avec les
inscriptions suivantes :

Deposito della tavola di S. Domenico.

ASSERES EX MENSA

DOMINICI PATRIS LEGIFERI

ET SODALIUM

QUÆ FUERAT IN ÆDIBUS PROXIMIS

HOSPITUM SANCTISSIMORUM

CONTUBERNIO

AB. A. 1218 AD. A. 1221 HONESTATIS

HANCCE SUPER MENSAM,

NULLO OLIM CIBO SUPPETENTE,

PANIS PRODIGIALI

AD PRECES MAGNI DOMINICI,

ANGELIS MINISTRANTIBUS,

EIDEM ET SODALIBUS

SUFFECIT.

On lit encore cette inscription au-dessous d'une image miraculeuse qui est près de la sacristie :

HONORI

MARIÆ SANCTÆ

A ROSARIO.

IMAGO

PRODIGIALIS

QUÆ

DOMINICUM PATREM LEGIFERUM

IN PRECES EFFUSUM,

UTI VETERI FAMA TRADITUM EST.

BEAVIT.

VIII

(Inédite. — Archives nationales. *Registres et Cartons*, L. 240, nᵉ 59.)

Honorius episcopus, servus servorum Dei.

Dilectis filiis Fratribus Ordinis Prædicatorum, salutem et apostolicam benedictionem. Vestris postulationibus inclinati, auctoritate præsentium indulgemus ut in ecclesia quam dilecti filii Magistri Parisienses vobis apud Parisius contulerunt, divina officia celebretis.

Datum Viterbii, kalendis decembris, Pontificatus nostri anno quarto.

IX

(Inédite. — Archives nationales. *Registres et Cartons*, n° 60.)

Honorius episcopus, servus servorum Dei.

Dilectis filiis Sancti Dyonisii et Sancti Germani de Pratis Prioribus, Parisiensis diœcesi, et Cancellario Mediolanensi, Parisius commorantibus, salutem et apostolicam benedictionem. Cum dilectis filiis Priori et Fratribus Ordinis Prædicatorum duxerimus indulgendum, ut in quadam ecclesia in Beati Jacobi honorem constructa quam habent Parisius liceret eis officia celebrare divina, Capitulum Parisiense, sicut accepimus, quominus id faciant impedire præsumit. Unde cum ipsos non deceat dictos Priorem et Fratres super hoc, præsertim contra Sedis Apostolicæ indulgentiam, impedire, quibus potius deberent impendere subsidium et favorem, cum non causa temporalis lucri, sed pro divini nominis cultu desiderent in capella celebrare prædicta, ipsos rogandos duximus attentius et monendos, nostris dantes sibi litteris in mandatis, ut jam dictos Priorem et Fratres in ecclesia ipsa in qua nondum exstitit, quibusdam prohibentibus, celebratum, juxta sibi concessam indulgentiam, libere celebrare permittant. Alias habentes eos taliter commendatos, quod eorum novella plantatio, quam speramus fructum multiplicem allaturam, rore suæ beneficentiæ irrigatam, cujus coalescat, ideoque ipsi ad cumulum proficiant præmiorum. Quocirca discretionem vestram per apostolica scripta mandamus, quatenus super hiis et indemnitate ipsius Capituli et circumadjacentium ecclesiarum provideatis prudenter, sicut videritis expedire, facientes quod statueritis per censuram ecclesiasticam firmiter observare. Quod si non omnes hiis exequendis potueritis interesse, duo vestrum ea nihilominus exequantur.

Datum Viterbii, III idus decembris, Pontificatus nostri anno quarto.

X

Le 29 juillet de l'année suivante, le pape écrivit au Chapitre de Notre-Dame pour le féliciter d'avoir exaucé les vœux des Frères Prêcheurs et reconnu leurs droits :

Honorius episcopus, servus servorum Dei, dilectis filiis Capitulo Parisiensi, salutem et apostolicam benedictionem.

Gaudemus in Domino et in vestris laudibus gloriamur quod vos et ad obedientiæ bonum *pronos*, et ad pietatis studia promptos, sicut decet devotos filios inveni mus, per quod Deo gratos, Nobis acceptos et hominibus vos redditis merito commendandos. Cum enim vobis nuper preces direxerimus et mandata, et quibusdam vestrum, in præsentia nostra constitutis, injunxerimus viva voce, ut dilectos filios Fratres Ordinis Prædicatorum, habentes in visceribus charitatis, eis in capella Sancti Jacobi, quam habent Parisius, celebrare divina et cimeterium permitteretis habere, vos, sicut ex læta relatione didicimus, mandatum nostrum et eorum desiderium implestis liberaliter et libenter ; ita quod ex ipso

affectu videmini multum effectui gratiæ adjecisse,
super quo devotionem vestram dignis in Domino laudibus commendantes, Universitatem vestram rogamus,
monemus et hortamur attente, ac per apostolica vobis
scripta mandamus, quatenus continuantes gratiam erga
eos, ipsos favorabiliter foveatis, ab eo digna vicissitu-
dinis præmia recepturi, qui eos ad profectum Ecclesiæ
generalis, in ministerium Evangelii segregans, quod uni
ex ipsis fit sibi reputat esse factum, ac Nos qui eosdem
sincera complectimur in Domino caritate habituri magis
ac magis favorabiles ac benignos.

Datum apud Urbem Veterem, IIII kal. augusti, Pontificatus nostri anno quinto.

Cette bulle se trouve dans le *Grand Pastoral*, Ms.
grand in-folio, p. 568 (*Archives nationales*, L. L.-175),
et dans le tome V de la *Collection des Cartulaires de
France*, publié par M. Guérard, de l'Institut, p. 392.

Les bulles précédentes rectifient et complètent ce qui
a été dit par Echard (I, p. 17, L.) sur cette question
importante.

XI

(Inédite. — Archives nationales, *loc. cit.*, n° 62.)

Honorius episcopus, servus servorum Dei.

Dilectis filiis Priori et Fratribus Ordinis Prædicatorum.

Cum spiritus fervore concepto abjeceritis mundanas
sarcinas facultatum, et calceati pedes in præparationem

Evangelii, disposueritis in abjectionem voluntariæ pau-
pertatis, officium gerere prædicandi pro aliorum salute,
multis vos laboribus et periculis exponentes. Nos speramus quod labor vester fructum sit multiplicem alla-
turus. Ideoque indigentias et labores, quos passuri estis
pro hujusmodi officio exercendo, vobis pro satisfactione
vestrorum injungimus peccatorum.

Datum Viterbii, 2 idus decembris, Pontificatus nostri
anno quarto.

XII

(Inédite. — Archives nationales, nᵒˢ 65-66.)

Honorius episcopus, servus servorum Dei.

Dilectis filiis universis Magistris et Scholaribus Parisius commorantibus, salutem et apostolicam benedictionem. Gratum gerimus et acceptum, quod, sicut accepimus, dilectos filios Fratres Ordinis Prædicatorum, in
sacra pagina studentes apud Parisius, habentes in
visceribus caritatis eos vestræ pietatis officiis laudabiliter confovetis, per quod gratum Deo vos præstare obse-
quium arbitramur. Quia cum bona ecclesiastica soli Deo
sint ascripta, nec unquam possunt officiosius dispensari
quam cum eis exinde misericorditer subvenitur, qui
salutem hominum sitientes, ad hoc hauriri gestiunt
aquam in gaudio de fontibus Salvatoris, ut eam
dividant in plateis, non solum ad refectionem sitien-
tium animarum, verum etiam ad mentium infir-
mantium antidotum salutare. Ut igitur sincerum affec-
tum quem ad prædictos Fratres habemus plenius

cognoscatis, Universitatem vestram rogandam duximus et monendam, per apostolica scripta mandantes, quantum sicut laudabiliter inchoastis, eos ob reverentiam Apostolicæ sedis et Nostram, habentes propensius commendatos, ipsis beneficentiæ vestræ dexteram porrigatis, ita quod Deum propitium, et Nos vobis exinde magis ac magis reddatis favorabiles et benignos.

Datum Viterbii, quarto kalendas martii, Pontificatus nostri anno quarto.

Même bulle et même date :

Dilectis filiis Priori et conventui Sanctæ Mariæ de Vineis, extra portam Parisiensem.

Les *Archives nationales* possèdent un grand nombre d'autres bulles, surtout d'Honorius III et de Grégoire IX, qui ne se trouvent pas dans le Bullaire Dominicain.

TABLE

—

CHAPITRE PREMIER

CHAPITRE II

CHAPITRE III

CHAPITRE IV

164 TABLE.

CHAPITRE V

CHAPITRE VI

CHAPITRE VII

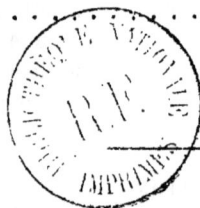

DIJON, IMP. J.-E. RABUTOT.

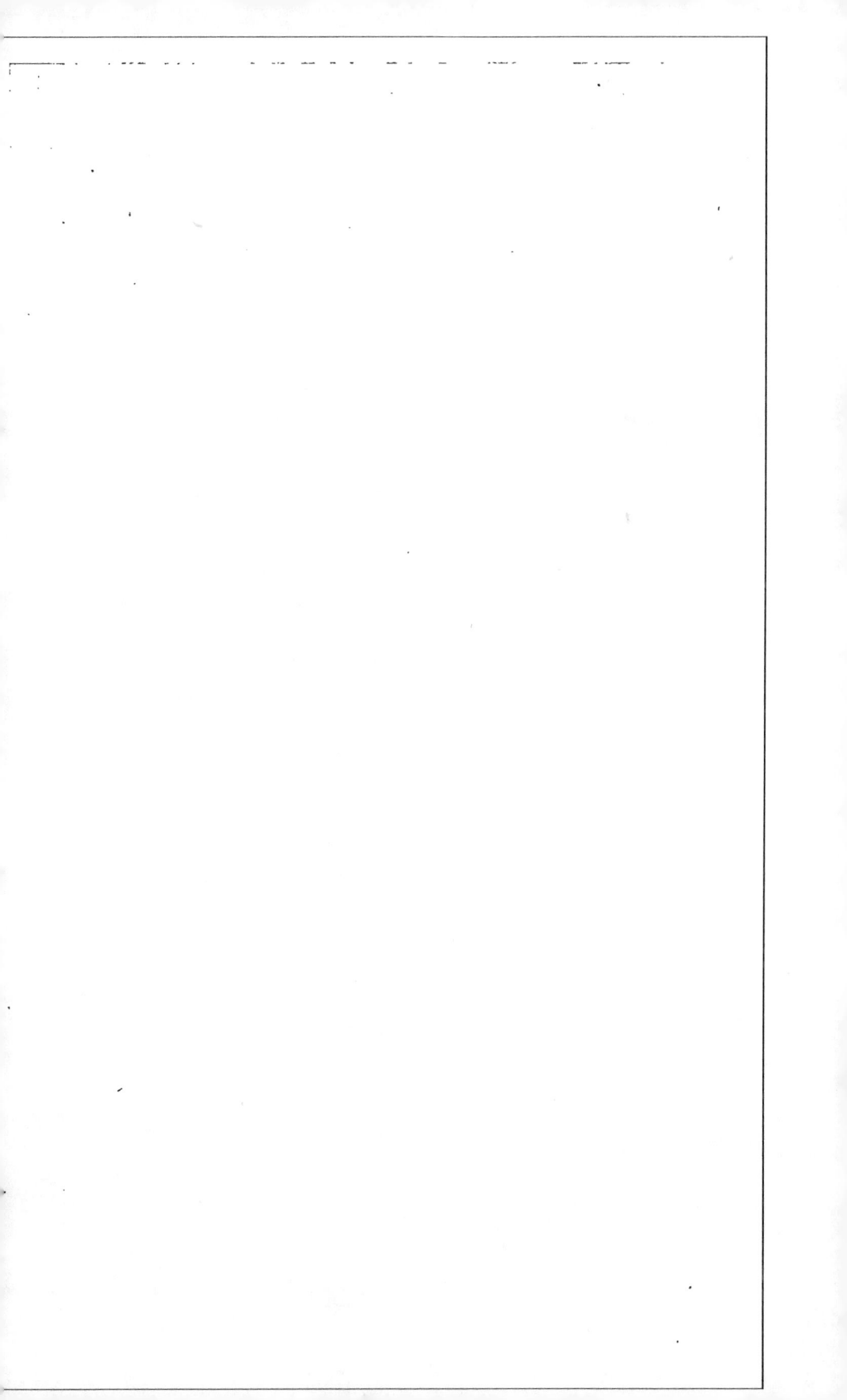

www.ingramcontent.com/pod-product-compliance
Lightning Source LLC
Chambersburg PA
CBHW052103090426
42739CB00010B/2295